AF355824

# MÉMOIRES

### DE MADAME

# DE STAAL;

### Écrits par elle-même.

### TOME SECOND.

## A LONDRES.

M. DCC. LV.

# MEMOIRES

## DE MADAME

## DE STAAL,

*Ecrits par elle-même.*

Q UELLE douleur pour madame la duchesse du Maine, de voir l'a-baissement de sa famille, la chûte de l'édifice qu'elle avoit travaillé toute sa vie à élever, & le triomphe de ceux par qui il étoit renversé ! Dans un état si violent, il est comme impossible de se réduire à l'inaction. Madame la duchef-

Tome II.  A

ſe du Maine, maltraitée en France, ſongea à ſe procurer de l'appui auprès du roi d'Eſpagne. La dévotion de ce prince, dirigé par un Jéſuite, lui fit naître la penſée de former quelque relation avec ce directeur. Elle me propoſa de ſonder, ſur cette vue, le pere Tournemine, que j'avois vu autrefois en province, & qui lui faiſoit de temps en temps ſa cour. Je n'avois nul droit de repréſentation auprès de ſon alteſſe; l'aveugle obéïſſance étoit mon ſeul partage. J'obéïs donc, & je fus trouver le révérend pere. Je lui préſentai les idées dont il s'agiſſoit, avec autant de dextérité qu'il me fut poſſible. Il les ſaiſit vivement, & me dit qu'il

avoit un ami , homme de condition , étranger , qui , pour des affaires perſonnelles , étoit obligé
d'aller en Eſpagne ; qu'on pouvoit
prendre toute confiance en lui , &
le charger des négociations les
plus délicates ; qu'il étoit capable
de s'en bien acquiter ; que ſi cette
voie agréoit à madame la ducheſſe
du Maine , il me l'enverroit , &
que je le lui préſenterois ; qu'il lui
donneroit des lettres pour l'Eſpagne ; & que ſon alteſſe ſéréniſſime
pouvoit le charger de tout ce
qu'elle jugeroit à propos de faire
tenir en ce pays-là.

Je rendis cette converſation à
madame la ducheſſe du Maine. La
propoſition du pere lui plut , & je

retournai l'en avertir. Il m'envoya son homme. C'étoit le baron de Walef. Il fut préfenté à la princeffe fur le pied d'un bel efprit qui fouhaitoit de lui faire voir des ouvrages de poëfie de fa façon. En effet, il fe mêloit de faire des vers. Elle eut quelques entretiens particuliers avec lui, le chargea de fes inftructions, & lui recommanda expreffément de ne pas aller au-delà. Elle ne vouloit alors qu'engager le roi d'Efpagne à foutenir monfieur le duc du Maine, & fa famille opprimée. Le baron devoit voir le cardinal Albéroni premier miniftre, & preffentir jufqu'à quel point il voudroit prendre les interêts dont il s'agiffoit ; & y affectionner

le roi fon maître, par les motifs de
la proximité du fang, & du refpeÆt
pour les volontés du feu roi fon
ayeul, enfreintes fans aucun mé-
nagement.

On convint de la maniere dont
le baron rendroit compte de fa négociation. Je propofai que les lettres qu'il écriroit me fuffent adref-
fées, afin que madame la ducheffe
du Maine y fût moins compro-
mife. Elles ne devoient contenir
que des nouvelles générales : mais
on lui donna une encre blanche,
pour écrire entre les lignes les matieres fécretes. J'eus la pareille,
pour les réponfes que je fus chargée de lui faire. Il dit, que pour
plus de fureté, il me feroit tenir

ses lettres par une femme qui demeuroit à Paris, & qui lui étoit
entiérement dévouée.

Toutes ces mesures prises, lorsqu'on le croyoit déja parti, il vint
mere trouver, & me dit qu'il avoit
compté sur une somme qui lui
manquoit pour faire son voyage,
& me proposa de lui faire vendre
quelques bijoux qu'il avoit. Je le
dis à madame la duchesse du Maine. Elle comprit qu'il vouloit de
l'argent, & lui donna cent louis.
Il partit, & prit la route d'Italie où
il prétendoit avoir quelques affaires préliminaires, & où il devoit
s'embarquer pour l'Espagne. Ce
qui arriva de cette belle ambassade
se trouve à peu près dans la décla-

ration que je fis sur ce sujet. J'ob-
servai de n'y rien mettre que de
vrai ; persuadée que , lorsqu'on se
trouve dans la nécessité de s'écarter de la vérité, il faut néanmoins
s'en tenir le plus près qu'on peut.
C'est le parti le plus sûr & le plus
honnête. Il y a moyen de répandre l'ombre & la lumiere sur les
faits qu'on expose , de maniere
que, sans en altérer le fond, on en
change l'apparence. C'est ce que
je tâchai de faire dans cette piéce.
Elle sera en son lieu. Ce n'est pas
la peine de traiter ici plus au long
ce qu'elle détaille suffisamment.

Madame la duchesse du Maine
avoit l'esprit trop agité , pour s'en
tenir à cette simple démarche ,

dont le but étoit d'engager le roi d'Espagne à prendre, par voie de négociation, la défense du duc du Maine, & à soutenir ce que le feu roi avoit fait en sa faveur.

Plusieurs personnes de la haute noblesse du royaume avoient prétendu que l'affaire des princes légitimés ne devoit pas être décidée, sans que leur corps y intervînt. Une protestation fut dressée à ce sujet, & signée de beaucoup de gens considérables. Cela disposa madame la duchesse du Maine à se lier à quelques-uns d'eux. Elle sçut qu'ils étoient la plupart mécontens du gouvernement, s'en plaignoient avec amertume, & songeoient à remuer. Comme à la

moindre lueur qui s'offre au milieu
d'épaisses ténébres , on s'avance
pour la reconnoître , elle recher-
cha ces gens-ci , entrevoyant con-
fusément qu'elle en pourroit tirer
parti. Deux des principaux , le
C. de L. & le M. de P. lui furent
amenés. Ils étoient en liaison avec
le prince de Cellamare, ambassadeur d'Espagne ; & prétendoient
qu'on pouvoit tenter , par son
moyen , des choses considérables.
Ils engagerent madame la duchesse
du Maine à le voir dans une petite maison qu'elle avoit à l'Arsenal. Elle s'y rendit peu accompagnée ; & L... y conduisit la nuit
l'ambassadeur , lui servant de co-
cher. Cela fut répété une seconde

fois, & point ignoré du régent, qui commençoit dès-lors à prendre ombrage de ces démarches furtives. Je me dispense d'expliquer leur plan, parce que je n'y ai jamais rien compris; & peut-être n'en avoient-ils point. Tout ce que j'en ai pu démêler, c'est qu'on vouloit détourner le roi d'Espagne d'accéder au traité de la quadruple alliance, trop favorable au duc d'Orleans ; & l'engager à demander la tenue des états généraux, pour borner l'autorité du régent, & réprimer les abus de son gouvernement. Madame la duchesse du Maine n'insistoit que sur le premier article. Elle fit voir au prince Cellamare les dangereuses consé-

quences de l'acceſſion du roi d'Eſpagne. Ce fut le ſujet principal de
ſes entretiens avec lui. Elle confia
à ce miniſtre un mémoire fort bien
fait, qu'elle avoit compoſé elle-
même, uniquement ſur cette matiere ; & il le fit paſſer avec ſureté à ſa cour.

Mrs. de L. & de P. en firent pluſieurs, auſſi faux dans les faits que
dans les raiſonnemens. Ils avan-
çoient comme certain tout ce qui
leur paſſoit par la tête, promettant
l'entremiſe & l'appui de quantité
de gens entiérement ignorans de
leurs deſſeins, que, ſur de vaines
conjectures, ils jugeoient propres
à y entrer. Madame la ducheſſe du
Maine n'approuvoit pas leurs vi-

fions, & s'y prêtoit, non par foi-
bleffe d'efprit, mais par le trouble
de fon ame, qui la mettoit dans la
néceffité d'agir, fans que fes mouvemens euffent un objet fixe.

Le prince Cellamare ayant ap-
prouvé le deffein de faire demander par fon maître la tenue des
états généraux en France, voulut
un modéle des lettres que le roi
d'Efpagne écriroit à ce fujet; l'une
au roi, l'autre au parlement. Madame la ducheffe du Maine obligea monfieur de Malefieu à y travailler, avec le cardinal de Polignac. L'original de cette piece,
écrit de la main de l'un & de l'autre, devoit fans doute être jetté
au feu. Le cardinal, preffé de fe

rendre

rendre à la meſſe du roi, recommanda à madame la ducheſſe du
Maine de le brûler ſur le champ.
La copie venant d'être achevée,
monſieur de Maleſieu s'en faiſit
dans ce deſſein : mais ſoit que la
penſée lui vînt de le conſerver,
ſoit qu'il l'oubliât, il ne le retrouva
plus, quand il voulut le mettre
en ſureté. Il fut fort troublé de
cette perte, dont alors il ne témoigna rien ; & l'on crut de part
& d'autre, que ce papier important n'exiſtoit plus.

Madame la ducheſſe du Maine
ne m'avoit rien dit ſur cela. Elle
me confioit beaucoup de choſes,
& m'en cachoit pluſieurs autres.
Je n'allois pas au-devant de ces

onéreufes confidences ; dont je prévoyois fi bien les fuites , que je tâchois quelquefois de les lui faire envifager. Mais lorfque je lui difois qu'elle fe feroit mettre en prifon, elle n'en faifoit que rire, fuivoit fes idées , & ne craignoit que la réfiftance de monfieur le duc du Maine à s'y prêter.

Cette faveur dans laquelle j'étois auprès d'elle, ne me garantit pas d'une bourafque qui faillit à m'en féparer tout-à-fait. Un foir que je me trouvai incommodée , je me mis fur mon lit, en attendant l'heure d'aller faire ma veille. On vint m'appeller pour fon deshabiller. Je demandai fi elle avoit à faire de moi en ce qui regardoit mon miniftere particulier, comme pour écrire, chercher quelque livre, ou autre chofe commife à mes foins. On me dit que c'étoit pour fa toilette. Le peu de fonction que j'y avois, me perfuada que je pouvois continuer de prendre un peu de repos. Son alteffe féréniffime me renvoya chercher, & me fit une réprimande très-féche fur la difpenfe que je m'étois donnée. Elle me dit qu'elle vouloit des femmes pour la fervir, & non pas pour faire une académie. Ce ton qu'elle n'avoit pas encore pris avec moi, me piqua. Je lui dis que j'avois fi peu de talent pour le fervice, qu'elle ne pouvoit jamais plus mal rencontrer en

ce genre. Ma réponfe l'irrita ; &
ce qu'elle me dit, dont je ne me
fouviens plus, me donna lieu de
difparoître. Elle ne m'envoya
point chercher la nuit à l'heure accoutumée ; & je l'employai aux
préparatifs de mon départ, bien
réfolue de quitter. Excédée de fa-
tigues, rébutée de tracafferies, je
n'étois foutenue que par la confi-
dération dont je jouiffois auprès
d'elle : dès qu'elle me manquoit,
le refte devenoit infoutenable.

J'avois pris depuis peu une fille
à moi feule, & fur mon compte ;
celle qui nous fervoit en commun
étant une fource perpétuelle de
diffentions. La mienne, nommée
Rondel, étoit extrémement rai-

fonnable. Je lui dis ce qui s'étoit paffé, & de difpofer mon déménagement. Cependant ne voulant pas faire une telle démarche fans confeil & fans l'approbation de mes amis, j'allai à la pointe du jour chez monfieur de Valincourt, dont la prudence & les bons offices m'étoient un appui néceffaire dans cette conjonêture. Il fentit, comme moi, que je ne devois point me laiffer maltraiter, & approuva le deffein où j'étois de me retirer dans un couvent. Il eft vrai que je n'avois pas le moyen d'y fubfifter longtemps ; mais je me flattai que lui & mes autres amis me trouveroient une fituation plus fupportable que celle que j'abandonnois.                    B iij

Pour donner une forme convenable à ma retraite , je fus dans la
même matinée chez madame de
Chambonnas , dame d'honneur de
madame la duchesse du Maine. Je
lui dis que je n'avois été soutenue
dans la vie pénible que je menois,
que par les bontés de son altesse sé-
rénissime ; & que m'en voyant privée , je ne pouvois plus supporter
le poids de mes peines ; que je la
priois de faire agréer à madame la
duchesse du Maine , que je me re-
tirasse pour me mettre dans un
couvent. Mon dessein étoit de ne
me pas remontrer. Mais la dame
d'honneur me dit qu'on ne se re-
tiroit pas de la sorte ; qu'il falloit
que je retournasse aux Thuilleries

(elle n'y logeoit pas); qu'elle par-
leroit à son alteffe féréniffime, &
me rendroit fa réponfe. Je retournai donc au gîte , pour agir cor-
rectement ; & je penfai que je ne
ferois pas mal d'écrire au cardinal
de Polignac, qui me témoignoit
de l'eftime & de l'amitié, pour lui
rendre compte de ma réfolution,
& des motifs qui me l'avoient fait
prendre. Ma lettre envoyée, j'attendis paifiblement le réfultat. Sur
le foir, madame de Chambonnas
me manda de l'aller trouver dans le
cabinet de fon alteffe, où elle
m'attendoit. On l'avoit chargée
de m'appaifer, & de me retenir.
Elle s'y prit mal. Son talent n'é-
toit pas grand pour les négocia-

tions. Elle se connoissoit aussi peu en gens qu'en affaires. Au lieu d'adoucir, par des témoignages d'estime & de considération, un esprit blessé du mépris, elle ne fit que me représenter mon impuissance & ma misere, comme pour justifier l'insulte que j'avois reçue. Vous avez apparemment compté, dit-elle pour me confondre, qu'on vous donneroit une pension : vous n'en aurez pas. Je lui répondis que je n'avois compté sur rien. De quoi vivrez-vous, reprit-elle? C'est mon affaire, lui dis-je, madame ; je n'en embarrasserai personne : mais quoiqu'il puisse m'arriver, je ne m'exposerai pas davantage à des dégoûts que je ne mérite point, & que je ne sçais pas souffrir. Après plusieurs propos aussi peu amiables, elle me quitta, & fut rendre compte du mauvais succès de sa mission.

Madame la duchesse du Maine ne voulant pas que je la quitasse, soit par une répugnance générale à se défaire de ce qu'elle a ; soit que, ne me connoissant pas assez, elle craignît pour les secrets qu'elle m'avoit confiés, elle donna le soin de me ramener à une main plus adroite que celle de madame de Chambonnas.

Le cardinal de Polignac sans doute lui montra la lettre que je lui avois écrite, & lui fit sentir que, si elle vouloit me conserver, ce ne pouvoit être que par les

bons traitemens, & en me met-
tant fur un autre pied dans fa maifon. Il vint, pendant que la compagnie foupoit, me trouver dans
ma chambre; me dit qu'il vouloit
que, fur l'heure, je vinffe avec lui
chez madame la ducheffe du Maine, qui étoit feule ; qu'il exigeoit
que je lui fiffe quelque excufe ;
qu'il me répondoit que, non-feulement je ferois parfaitement bien
reçue, mais que dans peu de temps
elle me tireroit de la place où j'é-
tois auprès d'elle, & me donneroit
une fituation plus agréable; qu'il ne
lui convenoit pas d'y paroître for-
cée pour me retenir; que cette bien-
féance l'obligeoit à différer les
graces qu'elle avoit deffein de me

faire, dont lui-même se rendoit garant. Sur la foi de ce traité, je crus pouvoir me rembarquer. Je suivis le cardinal, qui me prit par la main, & me mena chez la princesse. Je me jettai à ses pieds ; elle me releva aussitôt, & m'embrassa : faveur qu'elle ne m'avoit jamais faite, que je compris être une des conditions que l'habile négociateur avoit stipulée. Il y eut peu de discours de part & d'autre, mais assez affectueux ; & je rentrai dans ma forme ordinaire.

Le dégoût de pareilles aventures, joint à la déplaisance de mon état, me fit écouter quelques propositions d'établissement. Une femme qui s'interessoit à moi, me

dit qu'elle connoiſſoit particuliére-
rement un homme dans les affaires , lequel , aidé de protections,
pourroit faire un marché avanta-
geux , dont je déterminerois la reconnoiſſance. J'en parlai à monſieur de Valincourt. Il vit cet homme , qui vouloit , avec des papiers
dont il ne tiroit rien , acheter une
charge de receveur général des
finances qui lui vaudroit vingt
mille livres de rente. Il offroit de
m'épouſer , ou de me donner qua-
rante mille francs , ſi ſon affaire
réuſſiſſoit. Quoiqu'elle fût difficile , monſieur de Valincourt l'en-
treprit , pour aſſurer ma fortune
qu'il avoit fort à cœur. Il employa
le crédit de ſon maître , le comte

de Touloufe, auprès du duc de Noailles, alors chef du confeil de finances, pour obtenir ce qu'on demandoit. Je vis l'homme dont il étoit queftion, afin de réfoudre le meilleur ufage que je pourrois faire de fes propofitions. Il me parut de tout point fort au-deffous du médiocre, fi ce n'eft en fait d'économie. Il étoit veuf & avoit un enfant. Je ne fçais à propos de quoi il me dit qu'il ne faifoit pas le carême, parce que fon fils étoit trop délicat pour faire maigre. Ce trait me fit juger de l'aifance de fa maifon. Ce qui, joint à la difconvenance que je trouvois d'ailleurs entre lui & moi, me décida à préférer fon argent à fa perfonne,

après avoir examiné avec monfieur de Valincourt toutes les dé-
licateffes de la confcience & de
l'honneur à cet égard : il en con-
fulta même monfieur le chancelier, qu'il avoit déja fait entrer
dans cette affaire, pour s'y appuyer de fon autorité.

Le duc de Noailles s'y rendit facilement, pour plaire au comte de
Touloufe, & lui écrivit une lettre
par laquelle il lui accordoit fa demande en faveur de notre homme.
Il ne reftoit plus que les formalités
pour confommer l'affaire ; & je la
tenois faite, lorfque le premier
préfident fit demander un rendez-
vous à la ducheffe du Maine, en
pleine nuit, pour lui apprendre,

en grand fecret, que le duc de Noailles alloit être dépoffédé de fa place des finances, & remplacé par monfieur d'Argenfon, qui auroit auffi les fceaux qu'on ôtoit au chancelier. Elle me fit appeller, dès qu'elle fût rentrée, & me fit part de ce myftere fans fçavoir l'interet que j'y devois prendre, dont elle ne s'apperçut pas. Je ne pouvois pourtant, dans la conjonᶜture préfente, rien apprendre de plus funefte pour moi, que cette nouvelle. Malgré toutes les raifons que j'avois d'en donner connoiffance à monfieur de Valincourt, je gardai fidélement le fecret. Il éclata bientôt par l'événement très-imprévu de la part du

public, & mon affaire fut man-
quée fans retour. Ç'auroit été bien
pis, fi elle m'eût entraînée à me
manquer à moi-même. Monfieur
de Valincourt, plus fâché que je
ne l'étois de voir que mon étoile
eût renverfé deux miniftres à la
fois, au rifque d'en abbattre un
troifiéme, fit des tentatives auprès
du nouveau garde des fçeaux, auffi
de fes amis, pour procurer à l'homme que nous avions en main, un
emploi confidérable dont on pût
encore tirer parti. On lui en donna
des efpérances, qui furent totalement anéanties par les événemens
où peu à peu je me trouvai enveloppée. Voilà ce qu'il m'en avoit
écrit quelque temps auparavant.

LETTRE.

## LETTRE.

JE vous envoie le reste des épî- «
tres de Séneque, & le traité des «
bienfaits, traduits par Malherbe. «
Je vous prie de les garder & d'en «
augmenter votre bibliotheque. «
Si je n'avois encore espérance «
en monsieur le G. D. S. & en «
monsieur Paris, à qui j'ai écrit ce «
matin, ce présent auroit assez l'air «
de celui que Massinisse fit à So- «
phonisbe, en lui mandant que, «
puisqu'il étoit assez malheureux «
pour ne la pouvoir tirer de ser- «
vitude, il lui envoyoit le seul «
moyen qu'elle pût avoir de s'en «
délivrer. «

Lorsqu'il n'étoit encore queſtion de rien, madame la ducheſſe du Maine, plus tranquille qu'elle ne l'avoit été depuis longtemps, fit un voyage à Seaux, où je ne pus la ſuivre. Les peines & les chagrins avoient miné ma ſanté, qui ſe dérangea tout-à-fait. Je reſtai à Paris dans une maiſon qu'on avoit louée pour mademoiſelle du Maine, auprès des Thuilleries où elle n'avoit pas de logement. On m'avoit donné là une chambre, où j'allois quelquefois me repoſer l'après-dîner à l'abri de mes turbulentes compagnes.

Dès que je pus me traîner, je fus retrouver madame la ducheſſe du Maine à Seaux vers la fin de son voyage, qui ne fut que d'un mois ou six semaines. Je m'apperçus, par cette absence, que le lien le plus fort qu'on ait avec les princes, c'est celui de l'habitude : encore se rompt-il aisément ; mais il reprend de même. Je fus d'abord comme étrangere : enfin je rentrai dans les bonnes graces, & dans le fil des petites intrigues que mon éloignement m'avoit fait perdre.

Nous retournâmes aux Thuilleries ; & ce fut dans ce temps-là que madame la duchesse du Maine, sollicitée par le marquis de Pompadour de voir l'abbé Brigaut & d'entendre la lecture qu'il lui vouloit faire d'un ouvrage intitulé, *Réponse aux titres de Fils-moris*, y confentit. Cet abbé s'en difoit l'auteur. C'étoit le détail de l'intrigue d'un Cordelier allé en Efpagne, pour y caufer, à ce qu'on prétendoit, une grande ré-volution en faveur de monfieur le duc d'Orléans; lequel foup-çonna fort injuftement le cardinal de Polignac d'avoir fait ce libelle. L'abbé Brigaut étoit l'homme de confiance de monfieur de Pompa-dour. Il en parla à madame la du-cheffe du Maine, comme de quelqu'un capable de grandes affai-res, & d'une fureté à toute épreu-ve. Sur ce témoignage, elle ne crai-gnit point de lui laiffer voir fes difpo-fitions, & de l'entretenir des vues qu'on avoit. Cet homme cherchoit à s'intriguer, ʃoit par l'eʃpérance de ʃe tirer d'un état indigent, ʃoit par goût ou par oiʃiveté. Il s'étoit déja mêlé des affaires du préten- dant. Ce nouvel objet lui parut plus intereʃʃant, & il s'y livra, ʃans avoir ʃondé ʃon courage & ʃon ʃçavoir-faire, qui manquerent à la premiere épreuve.

Le régent déʃiroit paʃʃionné- ment alors d'aʃʃurer le traité de la quadruple alliance, fabriqué en Angleterre par l'abbé Dubois.

Le duc du Maine, à la premiere propoʃition qui en fut faite au con- ʃeil de régence, oppoʃa toutes les raiʃons contraires. Le duc d'Or- éans outré contre lui, dit en ʃortant du conseil : Monsieur du Maine s'est enfin démasqué. Son avis ne prévalut pas. Néanmoins il demeura chargé de la haine du régent, qui, d'ailleurs informé des relations que madame la duchesse du Maine entretenoit avec tant de gens, qui lui étoient suspects, prenoit contr'elle de grandes défiances. La crainte des embarras qu'on pouvoit lui susciter, jointe à son aversion pour le duc du Maine, qu'il croyoit, ou feignoit de croire participant des mouvemens qu'on se donnoit, le fit songer à tirer le roi d'entre ses mains. L'entreprise étoit hazardeuse. Le testament du feu roi se trouvoit autorisé en ce point par l'arrêt du

parlement qui avoit déféré la régence au duc d'Orléans, & par
le lit de juſtice qui l'avoit confir-
mé. Il ſembloit dangereux pour
lui d'infirmer ces actes. Les ſoupçons auſquels il avoit été en bute,
le devoient rendre encore plus
circonſpect à changer les meſures
priſes pour la garde & ſureté de la
perſonne du roi. Cependant, en-
couragé par le garde des ſceaux
d'Argenſon, & par l'abbé Dubois,
l'un ferme, l'autre violent, il fran-
chit toutes ces difficultés.

Pour autoriſer ſon projet, il l'ex-
poſa au conſeil de régence. Perſonne ne le contredit, que le ma-
réchal de Villeroi. Il avoit embraſ-
ſé la profeſſion d'honnête homme,

& la foutenoit affez dignement. Pour montrer qu'il n'avoit point adhéré à la dégradation du duc du Maine, il chercha auffi-tôt après un prétexte pour lui écrire & remplir fa lettre de tous les titres dont ce prince venoit d'être dépouillé.

Monfieur & madame la ducheffe du Maine furent avertis qu'un grand orage les menaçoit. L'allarme fut grande, on fe tint fur fes gardes. Enfin ne voyant rien paroître, on fe raffura; & fi bien, que madame la ducheffe du Maine, à l'occafion de la faint Louis, fa fête, alla fouper & coucher à l'Arfenal, lieu ordinaire de fes parties de plaifirs. Là elle apprit de grand matin, que tout fe préparoît pour un lit de justice que le roi alloit tenir ce jour même aux Thuilleries. Elle y revint à grand-hâte. Je ne l'avois pas suivie à l'Arsenal. J'appris en même temps son retour, & cette étrange nouvelle. Je ne pus la voir dans les premiers momens. Elle les employa à conférer sur les choses présentes avec monsieur le duc du Maine & le comte de Touloufe.

Le parlement, selon l'ordre qu'il en avoit, se rendit aux Thuilleries toutes investies de troupes. La plupart des magistrats montrerent une assez triste contenance ; mais aucun ne donna signe de vigueur. Tout se passa au gré du régent. Le parti que prirent le duc

du Maine & le comte de Touloufe, de fe retirer de l'affemblée,
quand ils virent qu'il étoit queftion
d'eux, donna une entiere facilité
d'exécuter ce qu'on avoit réfolu
uniquement contre le duc du
Maine. On lui ôta, fur des prétex-
tes frivoles, la garde de la perfonne du roi, & la furintendance de
fon éducation, qui fut donnée à
monfieur le duc fur la demande
qu'il en fit par une requête. Et fur
une autre requête des ducs, on
abolit tous actes en faveur des
princes légitimés, & de leurs en-
fans. On rétablit tout de fuite le
feul comte de Touloufe dans la
jouiffance de fes rangs & hon-
neurs, aux termes de l'arrêt de

1717, alléguant les services que l'état avoit reçus de lui, & la satisfaction qu'on avoit de sa conduite.

Toutes ces choses s'exécuterent sans la moindre résistance d'aucun côté. Cependant le parlement fit une protestation contre ce qui s'étoit passé au lit de justice ; mais elle ne parut pas. L'on a lieu de s'étonner de ce que monsieur le duc du Maine ne tenta rien pour se maintenir dans une place qu'il occupoit à si bon titre. Monsieur le duc s'en mit aussi-tôt en possession, & on lui céda le même jour les logemens que le duc & la duchesse du Maine avoient aux Thuilleries. Ils allerent se réfugier à l'hôtel de Toulouse. L'horreur de

cette fuite, ce déménagement précipité, & plus encore l'événement
qui y donnoit lieu, me frapperent
l'esprit d'une maniere que je n'ai
éprouvée en aucune autre occasion. Madame la duchesse du Maine m'envoya à Seaux pour faire la
revue de ses papiers, & pour brûler tout ce qui pourroit être repré-
hensible. Je m'en acquittai si heureusement que, lorsqu'ils furent
saisis quelque temps après, on n'y
trouva rien à redire. Je revins le
soir à l'hôtel de Toulouse, & je
passai la nuit entiere auprès de
madame la duchesse du Maine.
Son état ne peut se dépeindre.
C'étoit un accablement sembla-
ble à l'entiere privation de la vie,

ou comme un sommeil léthargique
dont on ne sort que par des mouvemens convulsifs.

Nous partîmes tous le lendemain pour aller à Seaux , où nous
restâmes atterés. J'admire comme
on se rend personnel tout ce qui
regarde ceux ausquels on s'est entiérement dévoué. Je fus trois
jours & trois nuits sans prendre
le moindre repos. Mes propres
malheurs ne m'ont jamais touchée
si sensiblement. Outre les maux
présens , il restoit mille sujets
d'inquiétude. Le mal apprend à
connoître la crainte. Les lettres
d'Espagne , que je recevois de
temps en temps de notre baron ,
pouvoient être interceptées ; nos

pratiques sourdes découvertes. Chacun y étoit pour sa rade ; mais le plus agité étoit monsieur de Malesieu. Ce modele de lettres du roi d'Espagne , qu'il avoit perdu , le jetta dans un trouble qu'il ne put cacher. Il imagina que quelqu'un s'en étoit saisi pour le produire au régent. Cependant il ne cessoit d'en faire recherche : Il me demanda un jour si n'avois point quelque connoissance d'un papier écrit de sa main & de celle du cardinal de Polignac, plein de ratures, qu'on lui avoit pris. Il ne m'expliqua pas ce que contenoit cette piece ; & comme on m'en avoit fait mystere, je ne sçavois ce qu'il vouloit dire. Je l'assurai que je n'avois vu ni oui parler d'aucun papier tel qu'il me dépeignoit celui-là.

Madame la duchesse du Maine, après avoir été quelque temps dans cet état, qui suspend toute idée & interdit tout mouvement, commença à se ranimer, & revint enfin à elle-même. N'osant plus voir les gens suspects, curieuse cependant de sçavoir où ils en étoient, elle m'envoya secretement à Paris pour entretenir le comte de L. Je passai trois heures tête à tête avec lui. Il m'étala toutes les chimeres imaginables; me fit voir, comme le principal fondement de leurs desseins, la ligue du Nord dont on parloit alors, &

le rétablissement du prétendant en Angleterre, qui ruineroit le plus ferme appui du duc d'Orléans. Il n'y eut jamais d'idées plus vastes & moins suivies. Notre longue conversation finit par des assurances réciproques de ne prononcer pour rien le nom l'un de l'autre, en cas de prison & d'interrogatoire. Ce point de vue nous étoit familier, & faisoit du moins le lointain du tableau.

En retournant à Seaux toute seule, & par une nuit très-noire, je versai au milieu du chemin, où je restai plus de deux heures, partie dans un fossé, le reste dans un moulin. Du temps qu'on faisoit cas des présages, celui-ci n'auroit pas été méprisé. Je

Je rendis à fon alteſſe le meilleur compte qu'il me fut poſſible
du fatras qui m'avoit été débité.
Ce fut un effort de mémoire ; car
la raiſon ni l'enchaînement des
choſes n'aidoient point dans ce
récit. Elle ne laiſſoit pas d'y entrevoir des eſpérances, & de s'y
prendre comme on fait aux brins
de paille qui flottent ſur l'eau
quand on ſe noie.

Madame la ducheſſe du Maine
ayant paſſé environ deux mois à
Seaux dans une inaction pénible, eut envie de retourner à Paris. Elle n'y avoit plus d'habitation. La néceſſité d'en chercher
une, fut la raiſon ou le prétexte
du ſéjour qu'elle fit dans cette mai-

fon qu'occupoit la princeffe fa fille. Le défir d'être plus à portée de fçavoir ce qui fe paffoit, y eut fans doute la meilleure part.

Les gens liés d'interêt avec elle, pouffoient toujours leur pointe, fans s'appercevoir qu'elle étoit trop émouffée pour faire aucun effet. Ils fabriquoient des écrits fans fin, & n'attendoient qu'une oc-cafion pour les faire paffer en Ef-pagne. Monfieur de Pompadour en ayant fait un qui lui fembloit triomphant, voulut le communi-quer à madame la ducheffe du Maine. La promeffe que le duc du Maine avoit exigé d'elle, de ne voir aucune des perfonnes en foup-çon de cabaler, lui fit refufer le rendez-vous que demandoit le marquis. Il infifta fur la néceffité de cet entretien, fur l'impoffibilité de trouver des mains affez fures pour lui remettre l'écrit dont il s'agiffoit. Elle confentit enfin qu'il lui en fît lui-même la lecture, après avoir pris toutes fortes de précautions pour empêcher que cette entrevue ne fût découverte. Loin d'approuver ce mémoire, elle le jugea pernicieux, pria avec inftance monfieur de Pompadour de ne le pas envoyer. Il parut céder à fes raifons & à fes défirs. Elle m'envoyoit quelquefois lui porter des lettres, que j'avois foin de lui faire brûler devant moi.

Madame de Pompadour difoit

toujours, en se déplorant : Nous avons les ouvrages les plus déci-sifs & les plus utiles ; mais rien ne passe. Son mari & elle crurent avoir trouvé l'occasion du monde la plus favorable pour tout envoyer en Espagne ; c'étoit l'abbé Portocarrero, jeune homme de vingt-deux ans, qui s'y en retournoit. Il avoit une chaise à double fond où les papiers furent mis, & parurent à nos gens parfaitement en sureté. Le comte de L. en donna avis à madame la duchesse du Maine, par un billet qu'il lui écrivit. Cette princesse, qui s'étoit fortement opposée à ce dangereux envoi, prévit dans le moment quelles en seroient les suites.

On tâcha vainement de la raffurer fur la grande prudence &
difcretion de l'homme à qui l'on
s'étoit confié. Il eft vrai qu'il n'y
eut pas de fa faute dans la découverte qu'on fit des papiers qu'il
portoit. Tout le monde a fçu que
le fecrétaire de l'ambaffadeur d'Efpagne, pour s'excufer d'un rendez-vous manqué avec une fille de
la communauté de la Fiilon, lui
dit, qu'il avoit eu tant de dépê-
ches à faire à caufe du départ de
l'abbé Portocarrero, qu'il s'étoit
trouvé dans l'impoffibilité d'aller
chez elle, comme ils en étoient
convenus. Cette fille en rendit
compte à fa fupérieure, qui, étant
fort en relation avec le régent,

lui donna cet avis qu'elle crut ne lui pas être indifférent.

Il expédia auſſi-tôt des ordres pour faire arrêter l'abbé ſur la route, & ſaiſir les papiers qu'il portoit. On l'atteignit à Poitiers ; & après s'être emparé de ce qu'on vouloit avoir, on lui laiſſa continuer ſon voyage. Il dépêcha ſur le champ un courrier au prince Cellamare, pour l'inſtruire de ce qui étoit arrivé ; & ce courrier fut d'une telle diligence, qu'il devança de beaucoup celui qui portoit la même nouvelle au régent, lequel arriva la nuit. Ce prince en avoit paſſé une partie à table, en compagnie agréable ; & n'eut pas grande envie d'employer le reſte

à l'examen d'une affaire peu ré-
jouissante. On prétend même qu'il
fut conseillé de différer l'ouver-
ture du paquet, par une personne
qui étoit avec lui, peu soucieuse
d'affaires d'état. Quoiqu'il en soit,
l'ambassadeur eut seize heures pour
prendre ses mesures avant qu'il
fût arrêté ; ce qui rend inexcusa-
ble sa négligence à se défaire des
papiers qui commettoient les personnes liées avec lui.

Il fit avertir le comte de L...
envoya cent louis à l'abbé Brigaut,
& lui manda de partir secretement
& sans délai. Cet abbé connoissoit
assez particuliérement le chevalier de Menil ; il fut le trouver,
& lui dit qu'il alloit faire un voya-

ge peut-être long ; & qu'il le prioit de fe charger d'une caffette dans laquelle étoit fon teftament & quelques papiers de famille qu'il lui remit. Le chevalier fçavoit que l'abbé Brigaut s'étoit donné autrefois de grands mouvemens pour les interêts du chevalier de Saint-Georges ; il crut qu'il s'agiffoit des mêmes affaires, & ne lui fit nulle queftion. L'abbé, après ce peu de difcours, le quitta pour partir ; & le lendemain matin fa fervante apporta au chevalier de Menil un gros paquet de papiers cachetés, qu'elle lui dit que fon maître l'avoit chargée en partant de lui remettre. Il le prit, comme il avoit fait la caffette, fans y entendre aucune fineffe.

L'après-dîner du même jour, 9 décembre 1718, le chevalier de Gavaudun, un des premiers gentilshommes de notre maiſon, entra dans ma chambre. Monſieur de Valincourt étoit avec moi. Il nous dit : Voici une grande nouvelle. L'hôtel de l'ambaſſadeur d'Eſpagne eſt inveſti, & ſon quartier eſt rempli de troupes. On ne ſçait encore de quoi il s'agit. Je fus ſaiſie d'effroi. Je tâchai pourtant de ne montrer que de la ſurpriſe de cet événement, devant monſieur de Valincourt, qui ignoroit la part que nous y prenions. Gavaudun étoit au fait ; il nous quitta, ne voulant que m'apprendre ce qui étoit arrivé. Monſieur de Valincourt resta longtemps avec moi à raisonner sur cette aventure, dont il étoit fort étonné. Je ne sçais comment il ne s'apperçut pas de mon trouble, que j'avois grande peine à cacher. J'essuyai ensuite une visite de l'abbé de Chaulieu, qui me tint dans la même contrainte. L'ambassadeur arrêté, & les conjectures à tort & à travers sur ce sujet, firent encore toute la conversation.

Madame la duchesse du Maine, de son côté, n'avoit pas moins de peine à faire bonne contenance, au milieu du monde qui étoit chez elle. Tout ce qui arrivoit, débitoit la nouvelle, ajoutoit quelques circonstances, & ne parloit d'autre chofe. Elle n'ofoit fe fouftraire à ce monde importun, de peur qu'on ne lui trouvât l'air affairé. Elle me fit pourtant appeller un moment dans fa garde - robe, & me demanda fi je n'avois rien appris de particulier. Je lui dis que je ne fçavois que le bruit public, dont j'étois très-allarmée. Elle l'étoit grandement auffi, quoiqu'elle ne vît pas encore où cela tendoit. Elle m'envoya faire quelques perquifitions, dont je ne rapportai aucun éclairciffement.

Enfin nous apprîmes que les papiers que portoit l'abbé Portocarrero avoient été pris; & que ceux de l'ambaffadeur, arrêté à cette occafion, étoient pareillement

faifis. C'eft alors que nous nous vîmes plongés dans l'abîme, dont il
n'y avoit pas moyen de fe tirer.
Le lendemain on fçut que les marquis de Pompadour & de faint Genies étoient à la baftille. Deux
jours après, madame la ducheffe
du Maine jouant au Biribi, comme
à fon ordinaire (elle n'avoit garde
de rien changer dans fa façon de
vivre), un monfieur de Châtillon,
qui tenoit la banque, homme froid,
qui ne s'avifoit jamais de parler,
dit : Vraiement, il y a une nouvelle fort plaifante. On a arrêté &
mis à la baftille, pour cette affaire
de l'ambaffadeur d'Efpagne, un
certain abbé Bri . . . bri . . . . Il ne
pouvoit retrouver fon nom. Ceux

qui le fçavoient, n'avoient pas envie de l'aider. Enfin il acheva, & ajouta : Ce qui en fait le plaifant, c'eft qu'il a tout dit ; & voilà bien des gens fort embarraffés. Alors il éclate de rire pour la premiere fois de fa vie.

Madame la ducheffe du Maine, qui n'en avoit pas la moindre envie, dit : Oui, cela eft fort plaifant. Oh ! cela eft à faire mourir de rire, reprit-il. Figurez-vous ces gens qui croyoient leur affaire bien fecrete ; en voilà un qui dit plus qu'on ne lui en demande, & nomme chacun par fon nom. Ce dernier trait jetta notre princeffe dans la plus cruelle inquiétude, & la moins attendue ; car le comte de

L. ... lui avoit fait dire que l'abbé étoit évadé , & les mesures si bien prises à cet égard , qu'il n'y avoit rien à craindre. Elle soutint jusqu'au bout la pénible conversation de monsieur de Châtillon , sans donner aucun signe des divers mouvemens dont elle fut agitée. Elle m'en fit le récit la nuit , quand je me retrouvai avec elle , & me montra ses frayeurs , que je ne pus dissiper , trop persuadée moi-même du triste sort qu'elle alloit subir. On arrêtoit tous les jours quelqu'un ; & nous ne faisions qu'attendre notre tour.

Le chevalier de Menil fut mis aussi à la bastille. L'abbé Brigaut , comme je l'ai dit , l'avoit chargé de fa caffette & de fes papiers. Le chevalier ne fe doutoit de rien alors. Mais quand il apprit qu'on avoit arrêté le prince Cellamare pour affaires d'état ; comme il fçavoit que l'abbé étoit en relation avec lui, il jugea, par fon départ précipité, qu'il pouvoit être entré dans la même affaire, & fe trouva fort embarraffé de ce qu'il avoit reçu de cet abbé. Il n'ignoroit pas la rigueur des ordonnances à ce fujet ; mais il aima mieux s'y expofer, que de manquer à quelqu'un qui, fans être fon intime ami, s'étoit fié à lui. Il crut cependant devoir s'éclaircir de la nature du dépôt dont on l'avoit chargé. Il ouvrit adroitement la caf-

fette ; & n'y trouva, comme l'abbé lui avoit dit, que fon teftament
& des papiers auffi indifférens. Il
la referma, fans qu'il y parût ; &
enfuite décacheta le rouleau de
papiers, où étoient tous les projets, mémoires, & tout ce qui
s'étoit écrit fur cette affaire d'Efpagne, dont il n'avoit eu aucune
connoiffance jufqu'à ce moment.
Il n'eut pas le loifir de lire tant
de pieces diverfes ; mais il en vit
affez, en les parcourant, pour juger qu'il n'y avoit rien ni contre
le roi, ni contre l'état : & voyant
les noms de beaucoup de gens de
diftinction qui alloient être impli-
qués dans cette affaire, fi ce témoignage contr'eux n'étoit fouf-
trait ,

trait, il prit le parti de jetter tous les papiers au feu.

Il y avoit plusieurs intrigues distinctes de la nôtre, qui, sans se communiquer entr'elles, aboutissoient toutes à l'Espagne, & traitoient séparément avec l'ambassadeur. Le comte Daydie & Magni qui, au premier bruit, s'enfuirent en Espagne, avoient leur cabale particuliere. Le duc de Richelieu, mis long-temps après les autres à la bastille, avoit la sienne. D'autres grands du royaume furent aussi soupçonnés d'avoir fait des partis. Les indices ou les preuves de toutes ces choses se trouvoient dans le mémorial de l'abbé Brigaut. Le prince Cellamare l'avoit mis au fait de tout, ou peu s'en falloit.

Le lendemain de l'incendie qu'avoit fait le chevalier de Menil, l'abbé Dubois, dont il étoit fort connu, & qui sçavoit ses liaisons avec l'abbé Brigaut, l'envoya chercher, & s'informa de ce qu'il auroit pu en apprendre sur l'affaire en question. Le chevalier de Menil l'assura qu'il ne lui en avoit jamais parlé, & lui avoua qu'il avoit mis entre ses mains une cassette fermée, laquelle ne contenoit, à ce qu'il lui avoit dit, que des papiers concernant ses propres affaires. On envoya vîte chercher la cassette, où tout se trouva selon l'exposé.

Cependant l'abbé Brigaut , que
l'ambaſſadeur avoit preſſé de partir, cheminoit lentement ſur un
cheval de louage , vêtu en cava-
lier. Il atteignit en trois jours à
Montargis, où des gens que le duc
d'Orléans avoit envoyés de tous
côtés pour l'arrêter, ſe ſaiſirent de
lui, le trouvant très-reſſemblant
à la deſcription qu'ils avoient de
ſa figure. Il ſe défendit d'abord d'ê-
tre celui qu'on cherchoit ; mais
pluſieurs lettres qu'on trouva ſur
lui, adreſſées à l'abbé Brigaut ,
dont il n'avoit pas eu ſoin de ſe
défaire , furent une conviction à
laquelle il ne put rien oppoſer.
On le remena par le même chemin à la baſtille , plus prompte-

ment qu'il n'avoit été à Montargis.

La frayeur le faisit en y entrant,
& il se montra disposé à dire tout
ce qu'on voudroit sçavoir de lui.

Messieurs d'Argenson & le
Blanc, commis à l'examen de toute
cette affaire, vinrent bientôt l'interroger ; & pour entamer la conversation, ils lui dirent que sa ser-
vante étoit à la bastille, & que
le chevalier de Menil leur avoit
remis ce qu'il lui avoit confié. Eh
bien, dit-il, puisque vous avez
ces papiers-là, vous sçavez tout,
car il n'y a rien qui n'y soit. Cet
aveu, qui se rapportoit si peu à ce
qu'ils avoient trouvé dans la cassette, leur fit voir que le cheva-

lier n'avoit fait qu'une confeſſion tronquée.

Monſieur le Blanc l'envoya chercher, & lui dit la déclaration de l'abbé Brigaut. Monſieur de Menil l'aſſura hardiment qu'il n'avoit aucun autre papier de l'abbé; & dit que, pour s'en convaincre, on n'avoit qu'à envoyer ſur le champ viſiter ſa maiſon. Après avoir perſiſté quelque temps ſur cette négative, ſe voyant ſeul avec monſieur le Blanc (les gens qui l'accompagnoient, s'étoient retirés), Je vais, monſieur, lui dit-il, vous parler, non comme à un miniſtre d'état & à mon juge, mais comme à un galant homme, qui fait cas des ſentimens d'honnèur.

Ce petit avant-propos achevé, il conta naïvement, fans rien déguifer, ce qu'il avoit fait, & les raifons qui l'y avoient déterminé. Monfieur le Blanc, touché de fa confiance, lui dit qu'il ne pouvoit pas, fans trahir fon miniftere, garder le fecret qu'il venoit de lui confier ; mais qu'il feroit valoir fa franchife, & tâcheroit d'excufer fa conduite auprès du régent.

Monfieur le Blanc le retint chez lui, fut fur le champ au Palais-royal, fit en effet tout ce qu'il put pour pallier l'action du chevalier de Menil, & feroit parvenu à appaifer le duc d'Orléans fur fon compte, fi l'abbé Dubois, piqué perfonnellement d'avoir été trompé, n'avoit jetté feu & flamme pour le faire mettre à la bastille. Il y fut conduit le même jour, nonobstant les bons offices de monsieur le Blanc, & les sollicitations de Nocé son ami, un des favoris du régent, qui offrit de le garder chez lui.

Un marquis de Menil, d'une autre famille, alla trouver le duc d'Orléans, pour l'assurer qu'il n'étoit ni parent, ni ami du chevalier. Tant pis pour vous, monsieur, répondit le régent : le chevalier de Menil est un très-galant homme.

Je n'avois jamais oui parler du chevalier de Menil, quand j'appris son aventure & sa prison. On don-

noit de grands éloges à fon procé-
dé généreux. J'entendis dire tant
de bien de lui à cette occafion,
que cela me prévint extrémement
en fa faveur.

Le régent, pour autorifer &
juftifier fa conduite violente, avoit
fait imprimer & répandre deux lettres du prince Cellamare au cardinal Albéroni, prifes dans le paquet que portoit l'abbé Portocarrero, avec les autres écrits envoyés à cette éminence par l'ambaffadeur ; il y avoit à la tête de
cet imprimé :

» Afin que le public foit inftruit
» fur quels fondemens fa majefté
» a pris la réfolution, le 9 du pré-
» fent mois, de renvoyer le prince

Cellamare, ambaſſadeur du roi «
d'Eſpagne, & d'ordonner qu'un «
gentilhomme ordinaire de ſa «
maiſon l'accompagne juſqu'à la «
frontiere d'Eſpagne ; on a fait «
imprimer les copies des deux let- «
tres de cet ambaſſadeur à mon- «
ſieur le cardinal Albéroni, des «
premier & deux du préſent mois, «
ſignées par ledit ambaſſadeur, & «
entiérement écrites de ſa main, «
& ſans chiffre. « A la ſuite de
ces deux lettres, on avoit ajouté
cet avertiſſement :

Lorſque le ſervice du roi, & «
les précautions néceſſaires pour «
la ſureté & le repos de l'état, «
permettront de publier les pro- «
jets, manifeſtes & mémoires cot- «

» tés dans ces deux lettres , on
» verra toutes les circonſtances de
» la déteſtable conjuration tramée
» par ledit ambaſſadeur , pour faire
» une révolution dans le royaume. «

Malgré cette promeſſe , on ne manifeſta rien de plus : mais ce ſoin d'envenimer l'affaire & de la rendre odieuſe , la rigueur déja exercée ſur la plupart des préten- dus coupables , annonçoient le traitement qu'on préparoit aux perſonnes principales qui y étoient entrées. On en avoit d'ailleurs pluſieurs notions. Madame la du- cheſſe du Maine fut poſitivement avertie , par plus d'une voie, qu'on ſongeoit à l'arrêter. Elle m'entre- tenoit ſouvent les nuits , & me difoit, qu'en quelque lieu qu'on la conduisît, elle demanderoit que j'allaffe avec elle. Je le fouhaitois paffionnément. Nous croyons alors qu'eu égard à fon rang, on la mettroit dans quelque maifon royale, avec une fuite convenable. Il n'étoit pas poffible d'imaginer la dureté du traitement qu'elle effuya. Cette idée de prifon ne l'effrayoit pas trop ; & même elle en plaifantoit avec moi, faifant des projets pour rendre fa retraite, finon agréable, du moins facile à fupporter.

J'étois dans cette trifte attente, lorfqu'un foir, plus fatiguée qu'à l'ordinaire, je me jettai fur un lit de repos dans ma chambre, &

m'endormis. Au fort de mon fom-
meil, je me fentis tirée par le bras:
j'ouvris les yeux à moitié ; & au
travers de l'obfcurité , j'entrevis
une femme mal mife, que je ne
reconnus point. Elle me dit que
fa maîtreffe m'envoyoit donner
avis , que madame la ducheffe du
Maine alloit être arrêtée cette
nuit ; qu'elle le fçavoit par une
voie fi fure , qu'on n'en pouvoit
douter. Ce difcours me réveilla
tout-à-fait ; je lui fis plufieurs quef-
tions fur des particularités qu'elle
ignoroit. Je n'en tirai rien de plus :
je fçus feulement qu'elle étoit envoyée par la marquife de Lambert, à qui j'étois fort attachée ,
& qui l'étoit infiniment aux inte-

rêts de madame la duchesse du Maine, quoiqu'elle ne fût pas dans sa confidence sur cette affaire.

Je fus aussitôt trouver la princesse, & lui dis l'avis que j'avois reçu. Il ne faisoit que confirmer avec plus de précision ceux qui lui étoient venus d'ailleurs. Elle en fit part aux gens les plus familiers auprès d'elle, & les plus initiés à ses mysteres, & les retint pour passer la nuit dans sa chambre, en attendant le moment de cette catastrophe, dont elle étoit si peu troublée, qu'elle fit beaucoup de plaisanteries tirées du sujet, où chacun se prêta ; & cette nuit d'allarmes se passa fort gaiement. Je pris un livre que je trouvai sous ma main, pour lui infinuer de dormir. C'étoit *les Décades de Machiavel*, marquées au chapitre *des Conjurations*. Je le lui montrai. Elle me dit en éclatant de rire : Otez vîte cet indice contre nous ; ce feroit un des plus forts.

L'attente fut vaine pour ce moment. Le jour vint, & s'avança, fans qu'on entendît parler de rien. Des mefures qu'il fallut encore prendre, obligerent le régent à remettre, de quelques jours, l'exécution de fon deffein. Cependant madame la ducheffe du Maine, perfuadée qu'il y perfiftoit, fongea à faire un mémoire, qu'elle vouloit laiffer à madame la princeffe fa mere, pour l'engager à de-

mander, aussi-tôt qu'elle seroit arrêtée, qu'on lui fît son procès ;
sçachant bien qu'il n'y avoit rien
eu de criminel dans sa conduite,
& que l'examen juridique qu'on
en feroit obligeroit le régent à la
remettre en liberté. Quatre ou
cinq jours s'étoient écoulés assez
tranquillement, lorsqu'après avoir
passé une partie de la nuit à faire
cet écrit, & à m'en entretenir,
elle s'endormit sur les six heures
du matin, & je me retirai. Je com-
mençois à m'assoupir, quand j'entendis ouvrir ma porte, où je laiss-
sois la clef. Je crus que madame
la duchesse du Maine me renvoyoit chercher. Je dis à moitié
éveillée : Qui est-ce ? Une voix in-

connue me répondit : C'eſt de la part du roi. Je me doutai d'abord de ce qu'il me vouloit. On me dit tout de ſuite aſſez incivilement de me lever : j'obéis ſans replique. C'étoit le 29 décembre ; le jour ne paroiſſoit pas encore. Les gens qui étoient entrés dans ma chambre, y étoient venus ſans lumiere: ils en allerent chercher ; & je vis un officier des gardes , & deux mouſquetaires. L'officier me lut un ordre qu'il avoit, de me garder à vue. Cependant je continuai de me lever. Je demandai ma femme de chambre , qui logeoit un peu plus loin ; on ne voulut pas la laiſ-fer venir. Toute la maiſon étoit pleine de gardes & de mouſque-taires ;

taires ; & l'on ne pouvoit aborder d'aucun côté. Elle tenta inutile-ment le paffage, & fut toujours repouffée.

J'étois dans une horrible inquié-tude de ce qui fe paffoit chez ma-dame la ducheffe du Maine, que je ne doutois pas qu'on n'arrêtât en même temps. Mais je jugeois bien qu'on ne m'en voudroit dire aucunes nouvelles. Je fçus depuis que le duc de Bethune, capitaine des gardes de quartier, accompa-gné de monfieur de la Billarderie, lieutenant des gardes du corps, lui avoient porté l'ordre du roi pour la conduire en prifon, auquel elle fe foumit fans réfiftance & avec une grande tranquillité. La Billarderie demanda à la femme qui étoit couchée dans la chambre de madame la ducheffe du Maine, fi elle n'étoit pas la demoifelle de L... Elle dit bien fort que non, n'enviant pas pour lors le traite- ment qu'on me deftinoit.

Je reftai feule avec mes trois gardes, depuis fept heures du ma- tin, jufqu'à onze, fans rien fçavoir de ce qui fe paffoit. Je demandai à l'un deux, avec qui je ne laiffois pas de m'entretenir affez légére- ment, fi je ne fuivrois pas ma- dame, en cas qu'on la transférât en quelque lieu. Il m'affura qu'on ne lui refuferoit rien de ce qu'elle demanderoit. Cette efpérance me tranquillifa ; mais je n'en jouis pas long-temps : car un autre garde vint dire au mien que la princeſſe étoit partie , & qu'ils pouvoient me laiſſer avec un ſeul mouſque-taire ; ce qu'ils firent.

La nouvelle de ce départ, dont je n'étois point, me ſerra le cœur. Ce fut la premiere émotion que j'éprouvai. J'étois ſi préparée à tout le reſte , que je n'en avois ſenti aucun trouble. Je ne pus ſçavoir où l'on conduiſoit madame la ducheſſe du Maine. On me dit ſeulement qu'elle coucheroit ce jour-là à Eſſonne : d'où je jugeai fauſſement qu'elle ſeroit gardée à Fontainebleau. J'aurois été bien plus affligée, ſi j'avois ſçu alors qu'on la menoit en Bourgogne , gouvernement de monſieur le duc, pour la mettre dans la citadelle de Dijon ; qu'elle alloit dans des carroſſes de louage, & n'avoit pour toute ſuite que deux femmes de chambre. On lui envoya peu après, à la ſollicitation de madame la princeſſe, mademoiſelle Desforges, parente de monſieur de Maleſieu, attachée depuis long-temps à elle, ſans aucun titre. C'étoit ſe voir étrangement réduite, pour une princeſſe toujours environnée de monde, & qui ſe croit ſeule quand elle n'eſt pas dans la preſſe.

Le capitaine des gardes la quitta à Eſſone ; & monſieur de la Billarderie, avec les détachemens des gardes du corps & des mouſquetaires, l'amena à Dijon, où il resta quelque temps auprès d'elle. Il fut extrémement touché du malheur de cette princesse, & ne songea qu'à adoucir, par ses soins & par ses services, les horreurs de sa captivité.

Monsieur le duc du Maine fut arrêté à Seaux, où il étoit resté pendant le séjour que madame la duchesse du Maine avoit fait à Paris. On le conduisit dans la citadelle de Dourlans, en Picardie, où il fut gardé par un officier nommé Favencour, qui le traita avec toute l'impolitesse & la dureté d'un véritable geolier. Monsieur de Malesieu, resté à Seaux avec monsieur le duc du Maine, y fut pris :

on faisit ses papiers en sa préfence ;
& l'on trouva dans fon écritoire,
fous le replis du contrat de ma-
riage de fon fils, l'original de cette lettre du roi d'Efpagne au roi
de France, dont il avoit fait tant
de perquifitions, & tant déploré la
perte. Auffitôt qu'il l'apperçut, il
fe jetta deffus, & la déchira : mais
monfieur Trudaine, qui faifoit la
vifite de fes papiers, en reprit les
morceaux, qui furent bien confer-
vés ; & on le mena à la baftille.

Meffieurs Davifard & Barjeton,
qui avoient travaillé aux mémoires
fur les rangs des princes légitimés,
& n'étoient point entrés dans l'affaire préfente, fe trouverent enve-
loppés dans la difgrace commune

à tout ce qui étoit particuliérement attaché à la maifon du Maine. Le fils de monfieur de Malefieu, lieutenant général d'artillerie, & le chevalier de Gavaudun, furent pris à Paris, chez madame la ducheffe du Maine, en même-temps qu'elle. Sa fille d'honneur, mademoifelle de Montauban, quoiqu'elle n'eût pas grand' part à fa confiance, eut le même fort. Deux valets de chambre de la princeffe, quatre de fes valets de pied, deux frotteufes de fon appartement; toutes ces perfonnes, prifes d'un coup de filet, furent amenées le même jour à la baftille. On fit l'honneur à l'abbé le Camus & à cette comteffe ruinée, de les y mettre auffi ; mais,

F iv

crois, un peu plus tard. On y
l.. venir peu après, du fond de
fa province, le vieux marquis de
Boifdavis, gentilhomme de Poi-
tou, pour une lettre qu'il avoit
écrite au duc du Maine, remplie
d'offres de fervices & d'affurances
de dévouement à fes interêts ,
qu'on trouva dans les papiers de
ce prince.

Le cardinal de Polignac fut exi-
lé à Anchin, une de fes abbaïes en
Flandres ; le prince de Dombes,
& le comte d'Eu fon frere, envoyés à la ville d'Eu en Norman-
die, terre de monfieur le duc du
Maine. La princeffe fa fille fut
mife, par madame la princeffe ,
au couvent de la Vifitation de

Chaillot. Toute cette maison fut ainsi dispersée.

Renfermée dans ma chambre, tête à tête avec un mousquetaire mal-informé, je ne pus rien apprendre de toutes ces choses. Je crois qu'il auroit dit volontiers ce qu'il auroit sçu : car il s'offrit à me rendre tous les services que je voudrois exiger de lui. Je n'en voulus recevoir aucun, tant par défaut de confiance, que pour ne pas lui donner, dans une conjoncture si délicate, quelque droit à ma reconnoissance. J'avois cependant une cassette remplie de papiers non-suspects par rapport aux affaires d'état, mais qui me regardoient personnellement, dont

j'aurois bien voulu me débarrasser. Je crus, toute réflexion faite, qu'il valoit mieux qu'elle tombât entre les mains des ministres qu'en celles d'un mousquetaire. Heureusement celui-ci fut relaïé par un autre, dans le temps qu'il commençoit de prendre trop d'interêt à mes malheurs. Celui qui vint à sa place, ne me parut pas si compatissant. Il m'exhorta seulement à faire un léger repas, me faisant presque entendre que ce pourroit être le dernier. Je ne sçavois quelle exécution si brusque il m'annonçoit, n'ayant nulle notion de ce qu'on vouloit faire de moi.

L'après-dîner, messieurs Fagon & Parisot, maîtres des requêtes,

vinrent prendre mes papiers. Je
leur dis qu'ils y trouveroient quelques lettres galantes ; qu'il étoit
bon de les avertir qu'elles étoient
d'un homme de quatre-vingt ans,
quoiqu'écrites d'une main éco-
liere, parce qu'il étoit aveugle :
c'étoit l'abbé de Chaulieu, & le
fecrétaire fon petit laquais qui ne
fçavoit mot d'ortographe.

Ces meffieurs examinerent mes
livres, où ils ne trouverent rien à
reprendre ; fouillerent par-tout,
jufques fous mes matelats ; & ne
virent point cette caffette que j'a-
vois défiré de fouftraire. Ils vou-
lurent vifiter un coffre dont ma
femme de chambre avoit la clef :
cela les obligea de la faire venir,

& on la laiſſa enſuite avec moi ;
ce qui me fut d'une grande conſo-
lation. Une heure ou deux après,
un officier des mouſquetaires me
vint dire que je me diſpoſaſſe à
partir, ſans m'apprendre où l'on
alloit me mener. Je lui demandai
ſi la fille qui me ſervoit ne viendroit pas avec moi. Il me dit qu'il
n'avoit nul ordre ſur cela, & ne
pouvoit le permettre ſans ſçavoir
la volonté du régent. Je le priai
inſtamment de m'obtenir cette
grace, qui ſeroit la ſeule que je de-
manderois. Il m'aſſura qu'elle me
ſeroit accordée ; & que cette fille
me ſuivroit de fort près. Il emme-
na ſon mouſquetaire, me renferma dans ma chambre ſeule avec

elle ; & me dit, que dans une de-
mie heure on viendroit me chercher.

Cette pauvre Rondel, quoiqu'il
n'y eût qu'un an qu'elle fût auprès
de moi, & qu'on lui eût officieu-
fement confeillé de ne me pas fuivre, m'affura que, quelque chofe
qui pût arriver, elle ne me quitte-
roit point. J'eus lieu d'être auffi
contente de fon bon fens que de
fon affection.

La caffette pleine de mes papiers,
qui m'étoit reftée, m'inquiétoit,
quoiqu'il n'y eût que des bagatelles ; & j'eus l'imprudence de lui dire de les jetter au feu quand je ferois partie, & qu'elle fe trouveroit
feule dans ma chambre. Je lui don-

nai la clef : elle n'eut le loifir de me faire aucune objection ; car on vint auffitôt me prendre, & l'on me mit dans un carroffe avec trois moufquetaires.

Il étoit fept heures du foir. Je me doutai alors que la route ne feroit pas longue, & qu'on me menoit à la baftille. J'y arrivai en effet. On me fit defcendre au bout d'un petit pont où le gouverneur me vint prendre. Après que je fus entrée, l'on me tint quelque temps derriere une porte, parce qu'il arrivoit quelqu'un des nôtres qu'on ne vouloit pas me laiffer voir. Je ne comprenois rien à toutes ces rubriques. Ceux-ci placés dans leurs niches, le gouverneur vint me chercher, & me mena dans la mienne. Je passai encore des ponts où l'on entendoit des bruits de chaînes, dont l'harmonie est désagréable. Enfin j'arrivai dans une grande chambre où il n'y avoit que les quatre murailles fort sales, & toutes charbonnées par le désœuvrement de mes prédécesseurs. Elle étoit si dégarnie de meubles, qu'on alla chercher une petite chaise de paille pour m'asseoir; deux pierres, pour soutenir un fagot qu'on alluma; & on attacha proprement un petit bout de chandelle au mur, pour m'éclairer. Toutes ces commodités m'ayant été procurées, le gouverneur se retira, & j'entendis refermer fur moi cinq ou fix ferrures, & le double de verroux.

Me voilà donc feule vis-à-vis de mon fagot, incertaine fi j'aurois cette fille qui devoit m'être une fociété & un grand fecours; plus en peine encore du parti qu'elle auroit pris fur l'ordre non-réfléchi que je lui avois donné, dont je vis alors toutes les conféquences. Je paffai environ une heure dans cette inquiétude, & ce fut la plus pénible de toutes celles qui s'écoulerent pendant ma prifon.

Enfin je vis reparoître le gouverneur, qui m'amenoit mademoifelle Rondel. Elle lui demanda, d'un air fort délibéré, fi nous coucherions fur le plancher. Il lui répondit

pondit fur un ton guoguenard affez déplacé, & nous laiffa. Dès
que je fus feule avec elle, je lui
demandai qu'étoient devenus mes
papiers. Elle me dit qu'elle avoit
ouvert la caffette ; & que l'en
ayant trouvée toute pleine, fans
que je lui en euffe défigné aucun
dont il fallût principalement fe défaire, elle avoit jugé qu'elle n'auroit jamais le loifir de tout brûler,
& moins encore le moyen d'empêcher que les cendres ne dépo-
faffent contr'elle & contre moi;
qu'au furplus elle avoit penfé
qu'après la vifite faite dans ma
chambre, on n'y reviendroit pas ;
qu'elle avoit donc pris le parti de
refermer la caffette, & de la re-

mettre dans l'endroit obſcur qui l'avoit dérobée aux premieres re-cherches. Elle me rendit ma clef. Je louai ſa prudence, qui avoit ré-paré une étourderie de ma part, dont les ſuites pouvoient être fâ-cheuſes.

Nous nous entretenions paiſi-blement, lorſque nous entendî-mes rouvrir nos portes avec fra-cas : cela ne ſe peut faire autre-ment. On nous fit paſſer dans une chambre vis-à-vis de la nôtre, ſans nous en rendre raiſon. On ne s'ex-plique point en ce lieu-là ; & tous les gens qui vous abordent ont une phiſionomie ſi reſſerrée, qu'on ne s'aviſe pas de leur faire la moindre queſtion.

Nous fûmes barricadées dans cette chambre aussi soigneusement que nous l'avions été dans l'autre. A peine y étions-nous renfermées, que je fus frappée d'un bruit qui me sembla tout-à-fait inoui. J'écoutai assez longtemps, pour démêler ce que ce pouvoit être. N'y comprenant rien, & voyant qu'il continuoit sans interruption, je demandai à Rondel ce qu'elle en pensoit. Elle ne sçavoit que répondre ; mais s'appercevant que j'en étois inquiete, elle me dit que cela venoit de l'Arsenal dont nous n'étions pas loin ; que c'étoit peut-être quelque machine pour préparer le salpêtre. Je l'assurai qu'elle se trompoit, que ce bruit étoit plus près qu'elle ne croyoit, & très-extraordinaire. Rien pourtant de plus commun. Je découvris par la suite que cette machine, que j'avois apparemment crue destinée à nous mettre en poussiere, n'étoit autre que le tourne-broche que nous entendions ; d'autant mieux que la chambre où l'on venoit de nous transférer, étoit au-dessus de la cuisine.

La nuit s'avançoit, & nous ne voïons ni lit, ni souper. On vint nous retirer de cette chambre où je me déplaisois fort, n'étant pas sortie de mon erreur sur le bruit qui continuoit toujours. Nous retournâmes dans la premiere. J'y trouvai un petit lit aſſez propre, un fauteuil, deux chaiſes, une table, une jatte, un pot à l'eau, & eune ſpece de grabat pour coucher Rondel. Elle le trouva mauſſade, & s'en plaignit. On lui dit que c'étoient les lits du roi, & qu'il falloit s'en contenter. Point de réplique. On s'en va ; l'on nous renferme.

Ce ſimple néceſſaire, quand on a craint de ne l'avoir pas, cauſe plus de joie que n'en peut donner la plus ſomptueuſe magnificence à ceux qui ne manquent de rien. J'étois donc fort aiſe de me voir un lit. Je n'aurois pas été fâchée d'avoir auſſi un ſouper. Il étoit onze heures du ſoir, & rien ne paroiſſoit. Je me ſouvins alors de l'exhortation de mon mouſquetaire pour me faire dîner ; & je crus qu'inſtruit des us & coutumes du lieu, il ſçavoit qu'on n'y ſoupoit pas. La faim, qui chaſſe le loup hors du bois, me preſſoit ; mais je ne voyois point d'iſſue. Enfin le ſouper arriva, mais fort tard. Les embarras du jour avoient cauſé ce dérangement : & je ne fus pas moins ſurpriſe le lendemain de le voir arriver à ſix heures du ſoir, que je l'avois été ce jour-là de l'attendre ſi longtemps.

Je ſoupai, je me couchai ; l'accablement m'auroit fait dormir, ſi la petite cloche, que la ſentinelle ſonne à tous les quarts d'heure, pour faire voir qu'elle ne dort pas, n'avoit interrompu mon sommeil chaque fois. Je trouvai cette regle cruelle, d'éveiller à tous momens de pauvres prisonniers, pour les assurer qu'on veille, non pas à leur sureté, mais à leur captivité : & c'est à quoi j'eus plus de peine à m'accoutumer.

Monsieur de Launay, gouverneur de notre château, venoit d'être installé dans sa place, quand nous y arrivâmes. Son prédécesseur, monsieur de Bernaville, étoit mort la veille. Celui-ci étoit son parent & son éleve, qu'il avoit parfaitement façonné à toutes les pratiques de la geole. Il vint me voir le lendemain de

mon entrée. Comme j'avois remarqué qu'il affectoit le ton plaifant, je le pris avec lui; il me trouva toute apprivoisée. Je lui demandai des livres & des cartes à
jouer. Il m'envoya quelques to-
mes dépareillés de *Cléopâtre*. Je
m'en aidai en attendant mieux;
& je jouai au piquet avec Rondel.
Elle me racontoit tout ce qu'elle
avoit vu & oui dire, le jour qu'on
nous avoit arrêtées, avant qu'elle
fût renfermée avec moi. Quand
elle avoit tout dit, je lui faifois re-
commencer, & lui demandois
fans fin ce qu'elle ne pouvoit fçavoir. J'étois curieufe principalement d'apprendre quels étoient
tous les compagnons de notre in-

fortune. Elle me dit tous ceux qu'elle avoit vu arrêter en même temps que moi à notre petit hôtel du Maine. Il nous en reſtoit bien d'autres à connoître. Nous aurons, dit-elle, une belle occaſion de les découvrir, dimanche à la chapelle; & je vous promets que je remarquerai bien tout. Nous ne ſçavions pas alors qu'on ne s'embarraſſe guere de faire pratiquer aux priſonniers les devoirs de la religion. Ce fut une diſtinction qu'on m'accorda, de me faire entendre la meſſe les fêtes & les dimanches. Mais je n'y gagnai rien pour les découvertes que j'en attendois; on me cacha ſous un pavillon, où je ne pouvois rien voir, ni être vue de perſonne.

On prend tant de précautions pour qu'un prifonnier n'en puiffe appercevoir un autre, que le gouverneur me dit, qu'il ne pouvoit fe difpenfer de faire mettre du papier à mes fenêtres qui donnoient fur la cour intérieure du château. Je lui repréfentai, que c'étoit une peine inutile pour une aveugle comme moi. Il avoit remarqué qu'en effet je ne voyois guere, & fe rendit, fans fonger que je me fervirois des yeux de ma compagne. C'eft ce que je fis. Elle paffoit la plus grande partie du jour à regarder au travers des vîtres, placée de façon qu'on ne la pouvoit voir, & que rien cependant ne lui échappoit.

Messieurs d'Argenson & le Blanc chargés de notre affaire, venoient interroger les prisonniers. Nous les voions passer la cour, & se rendre dans une salle au-dessous de ma chambre. Le feu qu'on y allumoit lorsqu'ils devoient venir, rendoit de la fumée chez moi, & me donnoit d'avance un indice de leur arrivée. Il n'y a point d'observateurs plus attentifs que des gens en prison. Le grand loisir, le peu de distraction, le vif interêt les livrent tout entiers à cet exercice. Rien qu'ils ne fassent pour découvrir la plus petite chose.

Nos juges venoient souvent accompagnés de l'abbé Dubois ; & pour lors on croyoit voir Minos,

Eaque & Rhadamante. Nous ob-
servions celui qu'on menoit subir
leur interrogatoire, où l'abbé ne
se trouvoit pas. Je me prosternois
sur mon plancher, pour tâcher
d'en attrapper quelques mots : cela
étoit pourtant impossible. Aucun
son articulé n'arrivoit jusqu'à nous.
On pouvoit tout au plus entendre
un murmure confus, des éclats
de voix, & discerner la chaleur ou
la tranquillité du colloque. Malgré l'insuffisance de pareilles découvertes, nous nous y portions
toujours avec la même ardeur.

Cependant j'attendois avec inquiétude le moment où la scène me seroit personnelle. Je préparois des
réponses à tout ce que j'imaginois

qu'on me pourroit dire. J'en avois raffemblé de quoi faire un volume. Aucune ne me fervit. Et j'aurois pu dire, quand on m'interrogea :

J'avois réponfe à tout, horfmis à *Qui va là ?* Ce ne fut pas fitôt que mon tour vint. Bien d'autres pafferent avant moi. Quand monfieur le marquis de Boifdavis fut appellé, ils lui demanderent en quels lieux, & comment il avoit formé de fi étroites liaifons avec le duc du Maine. Je ne l'ai jamais vu, leur dit-il, non plus que fon alteffe royale. Comment donc, reprit le miniftre, vous êtes-vous abfolument dévoué aux interêts de ce prince, au préjudice du régent ? Comme on s'affectionne fans fça-

voir pourquoi, répondit Boisdavis, pour un joueur plutôt que
pour l'autre. Ils n'en tirerent rien
de plus, quoiqu'on eût fait venir
à grands frais, du fond de sa province, tous les papiers de sa maison.

Le peu de précautions que j'a-
vois prises en partant, toute occupée d'autre chose que de ce
qui pouvoit m'être nécessaire, fit
qu'au bout de quelques jours je me
trouvai manquant de tout. Je n'a-
vois que la cornette qui étoit sur ma
tête, & pas plus de chemises qu'u-
ne héroïne de roman enlevée, sans
avoir, comme elle, *la cassette aux
pierreries*. Je ne trouvai de ressource que dans l'industrie de la

pauvre Rondel, qui fit la leſſive de tout mon linge dans une jatte à laver les mains. Je me coëffai, pendant cette expédition, d'un mouchoir blanc qui m'étoit reſté. Ce fut dans cet extrême négligé que je reçus la premiere viſite du lieutenant de roi de notre château. Il n'y a point de ſituation où une femme ne ſente le déplaiſir de ſe préſenter avec déſavantage à quelqu'un qui ne l'a jamais vue.

Ce lieutenant de roi, nommé monſieur de Maiſonrouge, tout nouvellement dans cette place, ci-devant capitaine-major de cavalerie, n'avoit jamais vu que ſon régiment. C'étoit un bon & franc militaire, plein de vertus naturelles, qu'un peu de brusquerie & de rusticité accompagnoient & ne défiguroient pas. Il n'avoit d'abord voulu voir ni mademoiselle de Montauban, ni moi ; disant au gouverneur, quand il lui proposa de nous rendre visite : Que voulez-vous que j'aille dire à ces peronnelles, qui ne feront que crier & pleurer ? Il l'assura que nous n'étions point si désolées. Il se résolut à nous voir. Il vint donc chez moi : Et pour me tenir un discours consolant, il me dit que je ne devois pas m'inquiéter de ma situation ; que si madame la duchesse du Maine avoit eu des torts, je n'en serois jamais responsable ; qu'on m'excuseroit sur la nécessité où j'avois été de lui obéir.

obéir. Un tel propos me fut fuſ-
pe&t; & je ne doutai preſque point
que cet homme, que je ne connoiſſois pas alors , ne vînt me tendre
un piége. Je lui dis que je ne fon-
dois point ma ſécurité ſur ce qui
m'étoit perſonnel ; mais qu'étant
perſuadée qu'on ne trouveroit rien
contre madame la ducheſſe du
Maine, je ne pouvois appréhender
que ſes fautes rejailliſſent ſur moi ;
que ſi elle en eût fait où j'euſſe
participé, je ne me croirois pas
diſculpée par des commandemens
auſquels on ne doit jamais ſe ſou-
mettre. Etonné d'entendre raiſon-
ner ſi tranquillement quelqu'un
qu'il avoit cru trouver dans les
excès de déſeſpoir, il ſe prit d'af-

fection pour moi dès ce premier moment, & s'accoutuma à me voir très-fouvent.

Au fort de la difette où je me voyois de toutes chofes, le gouverneur vint chez moi, fuivi d'un ballot de toutes mes nippes, avec une bourfe pleine d'or. Je n'aurois fçu d'où venoit cet utile fecours, fi je n'avois reconnu la bourfe que j'avois faite & donnée autrefois à monfieur de Valincourt. C'étoit lui qui, fans craindre de m'avouer dans un temps où mes amis n'ofoient me connoître, & qui plus obligé que perfonne à garder des mefures par rapport à fon maître, alla d'abord demander aux miniftres, non feulement de

me rendre ce fervice ; mais encore
la liberté de m'envoyer toutes les
femaines une feuille de papier ouverte , contenant plufieurs deman-
des fur les chofes dont je pouvois
avoir befoin. Elle avoit une grande
marge, fur laquelle, fuivant la permiffion qu'il m'en avoit obtenue ,
je répondois par monofyllabes à
chaque article , en préfence du
gouverneur, qui me l'apportoit &
la lui renvoyoit. Cet heureux fecours ne me manqua point , depuis
le moment qu'il fut accordé , jufqu'à celui où je fus remife en liberté ; & monfieur de Valincourt
ne fe rebuta pas d'entrer dans les
plus petits détails de tout ce qui
m'étoit néceffaire ou fimplement

agréable , sans oublier même ce qui regardoit ma femme de chambre. Il ne négligea pas non plus de faire retirer & mettre chez lui mes meubles, qui auroient été perdus dans cette maison de louage, rendue auffitôt après qu'on nous y eût arrêtés. Des attentions si suivies en des chofes si peu éclatantes, portoient le caractere d'une vraie amitié, dont le foin actif me rendoit tout ce que j'aurois pu attendre de moi-même en pleine liberté.

Soulagée ainfi des plus grandes peines de mon état , j'en aurois goûté le repos, s'il n'eût été troublé par une funefte penfée qui m'affiégeoit continuellement. Quelques jours avant que je fuffe à la

baſtille, l'abbé de Chaulieu m'a-
voit conté, à l'occaſion de tous
les gens qu'on y mettoit, des hiſ-
toires effrayantes de ce qui s'y
paſſoit ; entr'autres, celle d'une
femme de condition , à qui autrefois on y avoit donné la queſtion,
ſans lui faire ſon procès ; & ſi ru-
dement, qu'elle en étoit demeurée
eſtropiée toute ſa vie. Il prétendoit que ce moyen y étoit ſouvent
employé ſans aucune formalité ,
& que l'exécution s'en faiſoit par
les valets de la maiſon. Cette opinion, qu'il m'avoit miſe dans l'eſprit, avoit de quoi m'allarmer. Je
paſſois pour inſtruite du ſecret de
l'affaire. J'étois ſans doute ſuppo-
ſée auſſi foible que les femmes ont

H iij

coutume de l'être, d'ailleurs un perfonnage peu important. Il y avoit toute apparence que, fi l'on tentoit cette voie, le choix tomberoit fur moi. Frappée de cette idée, j'avois un extrême défir d'en éclaircir les fondemens ; mais je ne fçavois comment m'y prendre. Je hazardai, un jour que j'étois avec notre lieutenant de roi, d'amener la converfation fur plufieurs chofes que j'avois oui dire qui fe faifoient à la baftille. Il les traita la plupart de contes puériles. Enfin baiffant le ton, comme on fait ordinairement quand on eft embarraffé, je lui dis qu'on prétendoit qu'on y donnoit quelquefois la queftion fans forme de procès. Il ne me

répondit rien. Nous nous promenions dans ma chambre pendant
cet entretien. Il fit encore un tour,
& s'en alla affez brufquement. Je
demeurai toute éperdue, & plus
perfuadée que jamais du finiftre
traitement qu'on me deftinoit. Je
crus que notre homme en étoit informé, & que cette connoiffance
lui avoit fermé la bouche ; ne voulant ni prévariquer dans fon miniftere, ni avancer, par la pré-
voyance, le mal que je devois fu-
bir. Je continuai de me promener
à grands pas, faifant fur ce fujet de
profondes réflexions. Je n'avois à
cœur que de bien-faire ; & je ne
me fouciois, ni de fouffrir, ni de
mourir : mais je craignois ce que

H iv

peut, contre les réfolutions les plus fortes, l'excès de la douleur ; & je n'ofois me répondre de moi, dans un cas où je n'avois pas ma propre expérience pour garant. J'en appellai d'étrangeres à mon fecours. Pourquoi ne ferois-je pas, me difois-je, ce que d'autres ont fait ? On fouffre des opérations affreufes, pour fauver fa vie. Que fait la douleur ? elle arrache des cris, & ne peut vous forcer d'articuler des paroles. Après cet examen, je me tranquillifai, & j'efpérai de moi, foutenue par de puiffans motifs, ce qui n'étoit pas audeffus des forces de la nature. Je m'apperçus par la fuite que notre lieutenant étoit fourd d'une oreille ; & me reffouvenant que j'avois adreffé mon interrogation de ce mauvais côté, je ris de la vaine frayeur que fon apparente circonf-pection m'avoit caufée.

Je n'en étois pas encore déli-vrée, lorfque je fus appellée pour être interrogée par nos commif-faires. Je pris la précaution de mettre un peu de rouge que j'avois dans ma poche , quoique je ne m'en fervisse jamais, pour dérober, autant qu'il me feroit poffible, l'al-tération de mon vifage propre à me déceler. Il y avoit déja trois femaines que j'étois en prifon , quand ces meffieurs me parlerent. Le garde des fceaux, avec fon air févére, me dit de m'affeoir, enfuite d'ôter mon gand. J'ôtai celui de la main gauche, ne fçachant de quoi il s'agiffoit. Il me dit de l'ôter de la droite, & de la lever. Je fis tout ce qu'il voulut, bien réfolue de ne lui dire que ce qui me plairoit.

Il me demanda en quels lieux & de quelle maniere j'avois paffé ma vie. Je lui dis que j'avois été en couvent depuis ma naiffance, jufqu'à ce que je fuffe chez madame la ducheffe du Maine. Mon hiftoire fut courte. Enfuite il me dit que cette princeffe avoit une grande confiance en moi. Je répondis que mon fexe, & la place que j'occupois auprès d'elle, ne comportoient pas cette grande

confiance. On me répliqua que j'é-
tois une partie des nuits avec madame la duchesse du Maine ; &
l'on s'informa à quoi se passoit ce
temps-là. Je dis que c'étoit à faire
une lecture pour l'endormir. Monfieur le Blanc dit qu'il n'étoit pas
vraisemblable que cette lecture ne
fût souvent interrompue : j'en convins. Et par quels propos, reprit-
il ? C'étoit ordinairement, lui dis-
je, sur le sujet de la lecture. Madame la duchesse du Maine , reprit encore monfieur le Blanc , a
l'esprit trop vif, pour traiter longtemps la même matiere , sans y
en mêler d'autres. Auffi faisoit-
elle , répondis-je ; & ses discours
étoient fi divers, qu'il ne me se-

roit pas poſſible de m'en ſouvenir. On ajouta : Vous étiez ſecrétaire de madame la ducheſſe du Maine. Je dis que je n'en avois jamais porté le titre, ni exercé la fonction ; qu'à la vérité, je prenois ſoin de ſes livres, & que je me mêlois de petites diſcuſſions qui avoient rapport à cet emploi. On m'allégua que j'avois ſouvent écrit au bibliothécaire de la bibliotheque du roi. Je dis que madame la ducheſſe du Maine, dans le temps qu'elle faiſoit des écrits ſur ſon affaire des rangs, ayant eu beſoin de pluſieurs livres qu'elle faiſoit demander à la bibliotheque, elle m'avoit chargée de ce ſoin. Après cela, il me fut dit qu'on avoit en main beaucoup de lettres que j'avois écrites à un abbé. J'héſitai quelques mo- mens à répondre, ne pouvant me remettre ce que c'étoit que ces lettres. Enfin rappellant mon fou- venir, je dis qu'apparemment elles étoient écrites à un abbé le Ca- mus qui avoit offert ſes ſervices à madame la ducheſſe du Maine, pour écrire ſur la conteſtation des rangs ; que l'incapacité du perſon- nage l'avoit réduite à n'accepter de ſa part que des recherches qui avoient rapport à la matiere dont il s'agiſſoit ; qu'elle lui avoit dit de me les communiquer ; & que cette commiſſion avoit fourni , pendant un temps , nouvelle occaſion cha- que jour à l'abbé le Camus de m'é-

crire, pour m'envoyer ſes remarques ; que madame la ducheſſe du
Maine, touchée de ſes ſoins, tout
inutiles qu'ils étoient, m'avoit or-
donné de lui témoigner, de fois
à autre, qu'elle lui en étoit obli-
gée. Les lettres même, ajoutai-je,
font foi qu'il n'étoit pas queſtion
d'autre choſe. On m'objecta qu'il
y étoit fait mention de la *conſti-
tution*. Je répondis que je ne m'en
ſouvenois pas ; que je ne m'étois
jamais occupée de matieres que
je n'entendois point, & qui étoient
ſi peu de ma compétence. On me
dit enſuite qu'on avoit trouvé un
papier déchiré dans la chambre de
madame la ducheſſe du Maine, le
jour qu'on l'avoit arrêtée ; & qu'il

falloit que ce fût moi qui l'eût déchiré. Cela n'étoit pas, je l'affirmai. Puis l'on me demanda si elle avoit sçu qu'elle dût être arrêtée. Je dis qu'il en avoit couru des bruits qui avoient été jusqu'à elle ; mais qu'il ne m'avoit pas paru qu'elle y eût fait grande attention.

Je croyois toujours qu'on m'alloit dire des choses plus embarrassantes, & que c'etoit pour me dépaïser qu'on m'entretenoit de ces bagatelles. J'y fus trompée. On ne me dit pour lors rien de plus important.

Monsieur le Blanc sortit, pour faire avertir quelqu'autre prisonnier qu'ils vouloient voir. Monsieur d'Argenson, seul avec moi,

me demanda fort gracieufement
fi j'étois bien traitée, & me fit voir
que c'étoit fon intention ; d'où je
jugeai que je lui avois été recom-
mandée de bonne part. En effet,
la marquife de Lambert avoit té-
moigné à une perfonne qui avoit
beaucoup de crédit fur lui, de fes
amies à elle, tout l'interêt qu'elle
prenoit à moi.

Je fus affez contente de la façon
dont je m'étois tirée de cette premiere occafion, fans paroître em-
barraffée, ni intimidée, n'ayant
dit que ce que je voulois dire, &
ne m'étant prefque pas écartée du
vrai, dans lequel il me femble que
l'efprit, forcé à quelque détour,
rentre auffi naturellement, que le
corps

corps qui circule, ratrappe la ligne droite. Je crus pouvoir me répondre que je soutiendrois bien mon rôle jusqu'au bout. Comme il n'y avoit que ma conduite qui pût dépendre de moi, & que d'ailleurs je sçavois que les princes se tirent toujours d'affaire, je cessai de m'agiter. Je fus pourtant extrémement touchée, quand j'appris que madame la duchesse du Maine étoit renfermée dans la citadelle de Dijon : mais hors quelques circonstances affligeantes que je découvrois de temps en temps, ma vie étoit douce & tranquille : j'y trouvois même plus de liberté que je n'en avois perdu. Il est vrai qu'en prison, l'on ne fait pas sa volonté ;

mais auſſi l'on n'y fait point celle d'autrui. C'eſt au moins la moitié de gagné. L'éloignement de toutes ſortes d'objets y écarte les déſirs, ou l'impoſſibilité d'en ſatisfaire aucun les étouffe dès leur naiſſance. Il n'en eſt pas de même dans la ſervitude : tout s'y offre & ſe refuſe en même-temps à nos ſouhaits. Là encore on eſt exempt des aſſujettiſſemens, des devoirs, des égards de la ſociété ; & , à tout prendre, c'eſt peut-être le lieu où l'on eſt le plus libre. Il me ſembla du moins alors que ce paradoxe pouvoit ſe ſoutenir par des raiſons aſſez plauſibles.

Je ne ſentis point en priſon l'ennui, qu'on y redoute principalement. Ce fentiment, fi c’en eſt un, & que ce ne ſoit pas plutôt leur entiere privation , incompatible avec les troubles & les inquiétudes qui s’emparerent de moi dans les premiers temps, ne put d’abord me ſaiſir. Je m’en garantis quand je fus plus calme, par les occupations que je me fis, & par tous les amuſemens qui ſe préſenterent à moi, que j’avois foin de recueillir. Ce n’eſt pas l’importance des choſes qui nous les rend précieuſes ; c’eſt le befoin que nous en avons. Je fus étonnée du parti que je tirai d’une chatte, que j’avois demandée ſimplement dans l’intention de me délivrer des fouris dont j’étois perſécutée. Cette chatte étoit pleine ; elle fit fes petits chats , & ceux-ci en firent d'autres. J'eus le loifir d'en voir plufieurs générations. Cette jolie famille faifoit des jeux & des danfes devant moi, dont je me divertiffois fort bien , quoique je n'aie jamais aimé aucune forte de bêtes.

Je pris auffi un goût , qui m'étoit tout nouveau pour le jeu & pour l'ouvrage. Toutes ces chofes mifes à leur place , me délaffoient des lectures férieufes dont je faifois ma principale occupation. Cette expérience m'apprit que ce qui rend les divertiffemens les plus vifs , infipides pour les gens dont la vie en eft uniquement remplie , c'eft qu'ils perdent leur véritable fonction, qui eſt de repoſer le corps ou l'eſprit fatigué du travail. Elle m'a fait penſer auſſi que chaque état a ſes plaiſirs, même celui de la vieilleſſe & de l'infirmité. Il n'y en a point qui faſſe naître tant de beſoins : leur ſoulagement a plus de délices, que la jouiſſance des biens qu'une eſpece de néceſſité n'a pas précédée. Cette réflexion eſt propre à diminuer la crainte des ſituations fâcheuſes où l'on peut tomber. On les enviſage, comme on fait l'habitation de la zône torride, qui ſemble inſoutenable, parce qu'on ne conſidere que l'exceſſive chaleur qu'il y doit faire, ſans ſonger aux vents & aux pluies qui la temperent.

I iij

Il y avoit plus de trois mois que j'étois dans cette paisible demeure, lorsque, sur la fin du carême, le gouverneur me demanda si je voulois faire mes pâques. Je m'informai s'il me seroit permis d'avoir un confesseur à mon choix. On me dit que non ; qu'il falloit se contenter du chapelain de la maison, ou ne se point confesser. Tous les officiers m'en étoient tellement suspects, que je fus tentée de remettre ce devoir à un temps plus opportun. Cependant joignant à la nécessité de le remplir, des réflexions sur la mauvaise grace de s'en dispenser ; craignant même que le régent, qui entroit dans les moindres détails de notre condui-

te , n'en tirât des inductions fâ-
cheufes , je me déterminai , à tout
rifque , de faire cette confeffion.
Comme j'avois diverfes chofes à
rappeller dans mon fouvenir qui
pouvoient fe confondre , je demandai au gouverneur du papier
pour les mettre en ordre & ne les
pas oublier. Il me dit qu'il ne laiffoit rien écrire chez lui, qu'il n'en
fît la lecture ; qu'il me donneroit ,
à cette condition , ce que je lui
demandois. Cette méchante plaifanterie ne fervit qu'à me convaincre de fon exceffive défiance ,
que j'avois éprouvée auparavant ,
lorfque l'ayant prié jufqu'à me
mettre à genoux devant lui , d'é-
crire lui-même un billet à madame

de Grieu , que je dicterois, pour la tirer de l'horrible inquiétude où elle étoit de mon fort, il avoit été inflexible à toutes mes inftances , craignant un fens caché fous les chofes fimples qu'il auroit écrites de fa propre main.

Je m'en fiai donc à ma mémoire de l'exactitude. de ma confeffion. Jamais foupçon ne fut plus injufte que celui que j'avois eu de notre chapelain. Je trouvai en lui le meilleur homme du monde , fimple & compatiffant, plus difpofé à plaindre mes malheurs qu'à me reprendre de mes fautes. Je fus fort aife d'avoir rencontré fi heureufement, & furmonté la vaine frayeur qui vouloit l'emporter

fur un précepte & fur une bien-
féance indifpenfable.

La bonne foi inféparable de mes
actions, & la volonté que j'ai toujours eue de ne rien faire que le
mieux qu'il m'eft poffible, me rap-
pellerent dans cette conjoncture à
la dévotion. Tout le tracas des
intrigues politiques, les paffions
qui s'y mêlent, & la diffipation
du monde, m'avoient infiniment
diftraite. Ce nouveau fecours fixa
la tranquillité dont je jouiffois déja. Auffi vis-je fans émotion bien
des chofes qui auroient dû me
troubler.

Le comte de L...., au grand
étonnement de tout le monde,
qui le regardoit comme un des

principaux chefs de l'entreprife, étoit demeuré en liberté. Je ne doutois pas qu'il n'eût été arrêté en même temps que nous ; & je demandois fouvent à Rondel, qui ne le connoiffoit point, fi elle ne voyoit pas un grand homme fec avec une mentonniere noire, qu'il portoit depuis que, pour fruit de la guerre, il avoit eu la machoire fracaffée. Enfin elle le vit arriver dans le temps dont je parle, & s'écria : Ah ! voilà l'homme à la mentonniere. J'avois plus traité avec lui qu'avec aucun autre : & quoique je me fiaffe aux paroles que nous nous étions données, j'aurois mieux aimé le fçavoir bien loin que fi près.

La prise du comte de L... ser-
vit de moyen pour embarrasser le
marquis de Pompadour, qu'on
vouloit absolument faire parler,
& qui jusques-là s'étoit obstiné
à se taire. On lui produisit, sur le
pied d'aveux faits par le comte,
des choses qu'il n'avoit dites qu'à
lui, lesquelles sans doute avoient
été ou simplement conjecturées,
ou révélées par quelques confidens indiscrets à qui monsieur de
L..... pouvoit les avoir dites
avant que d'être arrêté; car depuis qu'il le fut, on ne put rien tirer de lui. Cependant monsieur
de Pompadour, qui n'étoit pas fer-
ré à glace, menacé d'une confron-
tation avec le comte, chancella

dans ſes réponſes. Nos miniſtres le voyant ébranlé, dreſſerent une nouvelle batterie pour l'atterer. Maiſonrouge, lieutenant de roi, s'étoit fort attaché à lui. Monſieur le Blanc le prit un jour en particulier, & lui dit en grande confidence, qu'il s'intereſſoit à M. de Pompadour, & qu'il étoit au déſeſpoir du mauvais tour que prenoit ſon affaire ; qu'on alloit lui faire ſon procès, & qu'il auroit la tête tranchée, à moins qu'il ne prévînt ſon malheur par un ſincere aveu de tout ce qui s'étoit paſſé, dont on vouloit l'entiere déclaration écrite de ſa main ; que monſieur le duc d'Orléans auroit beſoin d'une telle piéce, pour juſtifier ſes démarches, & que c'étoit le seul moyen d'empêcher qu'il n'abandonnât à la rigueur des loix les personnes comprises dans cette affaire. Monsieur le Blanc fit sentir au lieutenant de roi, qu'il ne lui confioit des choses d'un si profond secret, qu'afin qu'il tâchât d'engager le marquis de Pompadour à prendre le seul parti qui pouvoit le sauver. Ayant ainsi ému le bon cœur de Maisonrouge, sans craindre que les mouvemens en fussent redressés par la finesse de ses lumieres, il se promit le succès d'une négociation où il avoit si bien trompé l'ambassadeur.

Le pauvre lieutenant, encore tout effrayé de ce qu'il venoit d'entendre, courut chez monsieur de Pompadour, à qui il ne laissa rien ignorer de cette confidence, dont on s'étoit gardé de lui recommander le secret. Le marquis prit l'épouvante, & se résolut à tout ce qu'on vouloit de lui. Il fit une confession générale, sans rien déguiser, ni omettre. Il fit plus : quand on commence à glisser, on ne s'arrête qu'au bas de la pente. Il avoit écrit que, lorsqu'il traitoit de l'affaire présente avec madame la duchesse du Maine, elle rompoit la conversation dès que monsieur le duc du Maine paroissoit. Monsieur le garde des sceaux, blessé de ce qui tendoit à justifier ce prince, dit à monsieur de Pompadour, que ce n'étoit point l'apologie du duc du Maine qu'on lui demandoit, & qu'il falloit rayer cet article. Il le raya, & ne fit point sentir à monsieur d'Argenson, que c'étoit prévariquer dans son ministere de ne pas recevoir également ce qui étoit à charge & à décharge.

Monsieur le duc d'Orléans, qui avoit traité avec tant de rigueur des gens si considérables, & fait un si grand éclat dans le monde sur des fondemens assez légers, ne songeoit qu'à colorer sa conduite aux yeux du public. Il étoit ravi d'avoir en main l'écrit qu'on avoit arraché au marquis de Pompadour; & se flattoit que la crainte

ou l'ennui lui fourniroit de pareilles piéces de chacun de nous.
Il auroit, difoit-il, donné un mil-
lion de celles que le chevalier de
Menil avoit jettées au feu.

On accorda à monfieur de Pompadour, pour récompenfe de fa
fincérité, non la liberté qu'on lui
avoit fait efpérer, mais le divertiffement de la promenade fur le
baftion, où on le menoit tous les
jours. J'eus peu de temps après la
même faveur, fans l'avoir aucune-
ment méritée. On étendit cette
grace à plufieurs des nôtres, qu'on
promenoit bien accompagnés fur
les tours du château, les uns après
les autres. J'avois par diftinction la
derniere heure pour ma promenade;

de ; & notre lieutenant, qui s’af-
fectionnoit à moi de plus en plus,
s’étoit réservé de m’y conduire. Il
m’annonça le dernier jour d’avril,
en venant me prendre, que monsieur le Blanc avoit apporté l’ordre de faire cesser toutes nos pro-
menades le premier de mai.

La singularité du jour désigné
pour nous renfermer, après nous
avoir fait essuyer toutes les intem-
péries de l’air, me surprit, & me
persuada qu’on avoit voulu nous
tourmenter à titre de plaisir. Le
lieutenant de roi m’expliqua que
nos profonds politiques avoient
pensé que, dans un temps où tout
le monde se promene, les passans,
& principalement ceux qui s’inte-

refferoient à quelques-uns de nous, viendroient les lorgner ; qu'on pourroit leur faire des fignes & en recevoir d'eux, & que cela feroit d'une dangereufe conféquence. Hélas ! monfieur, lui dis-je, on auroit beau me lorgner de près, comme de loin, je n'en verrois rien. Quand cet accident m'eft arrivé, il a toujours fallu m'en avertir. Eh ! où feroit ici l'avertiffeur ? En tenant ces propos, nous nous acheminions vers le jardin du baftion, où je dis en entrant, comme Phedre :

Soleil, je te viens voir pour la derniere fois.

Il arriva peu après un incident qui auroit pu me caufer plus de chagrin, que je n'en eus de cette privation. Je vis un beau matin ( il y avoit alors quatre mois que nous étions en prifon ) fortir de notre château trois perfonnes de celles qui avoient été prifes en même-temps que moi. C'étoit mademoifelle de Montauban, monfieur de Malefieu le fils, & monfieur Barjeton. Le gouverneur, qui fe douta que je m'en ferois apperçue, ne crut pas m'en devoir faire myftere ; & perfuadé que je ferois défefpérée de voir la délivrance des autres fans la mienne, il chercha des raifons pour me faire prendre cet événement en bonne part. Après m'avoir exhortée à ne me pas affliger, il me dit que c'étoit une marque qu'on me mettroit en liberté.

K ij

Je répondis à la premiere partie de son difcours, que j'étois fort éloignée de me faire un furcroît de peine, de la ceffation du malheur de mes compagnons d'infortune; que c'étoit plutôt un foulagement de n'avoir plus à m'inquiéter pour eux. Quant à ce qui regardoit fes pronoftics, je lui fis voir que je ne prenois point le change; & qu'il étoit vifible qu'après le triage qu'on venoit de faire, ceux qu'on avoit retenus le feroient pour longtemps.

Je ne fçais fi ce fut pour nous confoler de cette aventure, qu'on nous rendit la promenade. J'eus une faveur particuliere dont je fus plus touchée. Notre lieutenant demanda à monfieur le Blanc la permiffion de me donner de l'encre & du papier, fimplement pour le barbouiller de mes idées. Il y confentit, à condition que les feuilles feroient cotées, & que je les rendrois par compte. Cela m'affujettit dans le choix des matieres que j'aurois pu traiter. J'en pris une fort grave, pour qu'on n'y trouvât rien à redire. Ce fut des réflexions morales fur quelques paffages de l'*Eccléfiafte*. Des diftractions qui me furvinrent m'empêcherent de continuer cet écrit.

M. de Maifonrouge débarraffé, par la fortie de quelques-uns des nôtres, d'une partie de fes foins, les redoubla à mon égard.

Il prenoit, fans s'en appercevoir, le plus grand attachement que jamais perfonne ait eu pour moi. C'eft le feul homme dont j'aie cru être véritablement aimée, quoiqu'il me foit arrivé, comme à toute femme, d'en trouver plufieurs qui m'aient marqué des fentimens. Celui-ci ne me difoit pas un mot des fiens; & je crois m'en être apperçue long-temps avant lui. Il étoit tellement occupé de moi, qu'il ne parloit d'autre chofe. J'étois l'unique fujet de fon entretien avec tous les prifonniers à qui il rendoit vifite; & il croyoit bonnement que c'étoient eux qui ne faifoient que lui parler de moi. Il revenoit me voir, tout ravi de l'eftime prétendue

que je leur avois inspirée. Cela est
étonnant, me disoit-il, à quel
point on vous admire, & combien
ici tout le monde s'interesse à vous:
On m'en parle sans cesse, & je ne
puis aller nulle part, que je n'en-
tende vos louanges. Cela devint
vrai par la suite, quand on eut remarqué le plaisir extrême qu'il y
prenoit. La dépendance a fait naître la flatterie; les captifs l'em-
ploient auprès de leurs geoliers,
comme les sujets envers leurs sou-
verains. Le foible de Maisonrouge
découvert, les gens sous ses ordres songerent à le gagner par-là.
Les uns m'envoyoient des rafraî-
chissemens; les autres, des livres
amusans; chacun, selon ce qu'il

K iv

avoit en main, m'offroit une espece d'hommage qui paſſoit toujours
par lui.

Le chevalier de Menil s'aida
d'un rêve qu'il avoit fait ou feint,
pour faire ſa cour à ce maître. Il
lui dit un jour (ceci avoit précédé
quelqu'une des choſes que j'ai ra-
contées de ſuite pour n'en pas
rompre le fil), il lui dit donc qu'il
avoit rêvé la nuit précédente,
qu'on lui avoit fait ſon procès
(c'eſt bien un rêve de priſonnier),
& qu'il avoit été condamné à de-
meurer à perpétuité à la baſtille,
mais en ſociété avec moi, qui n'en
devois non plus jamais ſortir ; que
cette circonſtance l'avoit conſolé
de ce jugement rigoureux. Cela

parut à Maiſonrouge, flatteur pour moi, de la part de quelqu'un qui ne m'avoit jamais vue ; & l'idée de me tenir toujours ſous ſa garde, ne lui déplut pas. Il vint auſſitôt me régaler de ce récit. Je ne ſçais pourquoi j'y fis plus d'attention, qu'aux choſes pareilles qu'il avoit coutume de me dire. Quelques jours après, il alla voir de Menil qui avoit pris medecine ; & dans ſa converſation, ayant parlé de vers, il lui dit : Vous en devriez faire pour divertir votre voiſine. Son logement étoit vis-à-vis du mien. Eh ! comment, lui dit-il ? je n'ai ni papier, ni plume. Qu'à cela ne tienne, lui dit le lieutenant. Voilà un crayon & du papier; écrivez. Il écrivit des vers faits à la hâte, fur un chiffon que Maifonrouge m'apporta, charmé de me procurer ce nouveau divertiffement; & pour le rendre plus complet, il me dit : Répondez en même ftyle, je vous donnerai ce qu'il vous faudra. Ce commencement d'aventure me plut extrémement. Je fçus le meilleur gré du monde au lieutenant de roi de fa complaifance. Je répondis donc en vers demi-Marotiques, comme étoient ceux que j'avois reçus. A ma réponfe, en fuccéda un autre le lendemain, à laquelle on me fit encore répliquer. Maifonrouge ne voyant rien dans ce badinage qui pût intereffer ni le roi, ni l'état;

& s'appercevant que j'y prenois grand plaisir, nous exhorta de continuer, & nous en fûmes ravis. Notre poësie, toute informe qu'elle étoit, me gênant un peu, j'insinuai que la prose, comme plus facile, seroit plus agréable. Le lieutenant y consentit, avec la même bonté d'ame ; & tous les jours il m'apportoit une lettre ouverte, & reportoit ma réponse. Nous mêlions de temps en temps quelques vers à la prose. Le tout ne contenoit que de pures badineries.

Il faut être ou avoir été en prison, pour connoître le prix d'un pareil amusement. Nos vers étoient des plus mauvais qui se fassent ; je les mettrai pourtant à la suite de ceci, avec une partie des lettres, pour conserver tout l'hiſtorique de cette bizarre aventure.

Ce commerce d'inviſibles devenoit galant de plus en plus. Je m'y prêtois ſans façon & ſans inquiétude. Cependant de Menil étoit fort curieux de m'entrevoir. Il le marquoit de temps en temps dans ſes lettres. Je lui ſoutenois que c'étoit le fin de notre aventure, de ne nous être jamais vus ; qu'en perdant cet avantage, elle deviendroit commune, moins piquante, & notre commerce plus contraint. Malgré ces ſages avis, il redoubloit ſes inſtances auprès du lieutenant, pour obtenir une entrevue. Enfin il nous montra l'un à l'autre, en nous plaçant chacun fur le pas de notre porte. Nous demeurâmes affez interdits (peut-être de ce qu'il nous falloit réci-proquement rabattre de nos idées). Nous ne nous dîmes rien ; telle étoit la convention ; & un moment après, nous difparûmes. Les lettres qui fuivirent cette apparition, fe reffentirent du tort qu'elle nous avoit fait. Je m'en apperçus. Cela fournit quelques nouvelles plaifanteries : nous avions épuifé tout ce qui fe pouvoit tirer de notre premiere fituation.

Les prifonniers ne font pas gens à fe rebuter aifément. Le chevalier, croyant trouver plus de reffource dans un entretien que dans cette fimple entrevue, dit au lieutenant de roi, que la faveur qu'il nous avoit faite étoit trop légere ; que ce n'étoit pas là fe voir ; que, pour faire connoiffance , il falloit fe parler ; & enfin en arracha cette derniere condefcendance. Le lieutenant l'amena un foir chez moi. J'étois couchée ; & pour ne pas gêner la converfation , il le laiffa au chevet de mon lit , & s'amufa à quelques pas de-là à entretenir M.[lle] Rondel. Nouvel embarras fe jetta entre nous. Le chevalier , comme Tonquin d'Armorique, qui, quand il eut trouvé fa mie , ne fçavoit bonnement que lui dire , ne fçut auffi de quoi me parler. Nous tînmes pourtant quelques propos communs. Nous n'eûmes pas lieu d'être plus contens l'un de l'autre, en avançant chemin, que nous ne l'avions été de la premiere démarche. Maisonrouge s'appercevant que notre converſation ne faiſoit que traîner, la vint relever : elle ſe ſoutint un peu mieux avec lui. Le tout enſemble fut ſi court, que véritablement nous n'avions guere eu que le loiſir de nous reconnoître.

Nous en demeurâmes là. Pour lors nous nous écrivions toujours ; mais ce paſſe-temps commençoit à perdre la grace de la nouveauté ; & le peu que nous nous étions vus, lui ôtoit l'aiſance & la fami-

liarité, qui en faifoient le principal agrément, fans rien mettre encore à la place. J'employai, pour
le fufpendre, un prétexte qui fe
préfenta. Je mandai au chevalier
de Menil que j'allois me mettre en
retraite, pour me préparer à la fête ( c'étoit celle de la Pentecôte,
que mon retour à la dévotion me
donnoit envie de bien célébrer );
& je trouvai que l'écriture étoit
une grande diftraction pour des
reclus. Le tumulte du monde n'en
donne peut-être pas tant à ceux
qui font tout au travers.

Le chevalier de Menil prit les
raifons de ma retraite pour bonnes, & ne traverfa point mon deffein, foit qu'il en refpectât les motifs

tifs, foit qu'il fût à bout d'écritures : pour moi qui m'en croyois
laffe, j'en fentis bientôt la privation. Le vuide qu'elle mettoit à
la place d'un amufement que les
circonftances avoient rendu affez
vif, me fit voir que j'y tenois bien
plus que je ne l'avois imaginé. Je
me fentis extrémement piquée du
peu de réfiftance qui avoit été faite à ma propofition ; & ce fentiment difproportionné à fa caufe,
m'en fit craindre un plus férieux.
Cette appréhenfion, jointe à mon
dépit, m'aida à foutenir la gageu-
re. Le fidele Maifonrouge me reftoit plus affidu, plus attaché, &
moins avancé que jamais.

C'eft le fort d'une ardeur trop

fidelle & trop pure, de trouver toujours des ingrats. Il me fit une espece de déclaration assez ingénieuse & point méditée. Madame de Réal, la plus intime de mes amies ( c'étoit mademoiselle de Grieu , mariée peu avant ma prison ) , le venoit voir souvent, pour apprendre de mes nouvelles. Il me dit un jour , sortant d'avec elle , qu'elle lui avoit demandé s'il avoit quelque soin de moi , & qu'il lui avoit répondu : Eh comment n'en aurois-je pas soin , madame ? tout le monde dit que j'en suis amoureux. Plût à dieu , monsieur , répondit-elle ! La naïveté de ce souhait me fit rire , sans que je marquasse d'attention au fond de la

chofe, dont il ne s'expliqua jamais
plus clairement : mais toute fa
conduite en faifoit preuve. Une
attention fans relâche ; une complaifance fans bornes ; un foin per-
pétuel de me fatisfaire, fans aucun
égard pour lui-même ; plus de défir de me contenter, que de me
plaire ; tellement à moi, qu'il fembloit n'être plus à lui. Je n'ai vu
dans le monde, ni même dans les
romans, des fentimens auffi par-
faits qu'étoient les fiens ; fentimens qui ne fe font jamais démen-
tis, & d'autant plus admirables,
qu'ils n'étoient point l'ouvrage des
rafinemens de l'efprit, mais de la
fimple nature, qui fembloit avoir
voulu faire un cœur où il n'y

L ij

eût rien à reprendre. La probité, l'honneur, toutes les vertus qui font l'honnête-homme, lui étoient également naturelles; & son esprit ni délié, ni orné, étoit véritablement droit & sensé.

Les fêtes qui avoient donné lieu à ma prétendue retraite, étant passées, j'en sortis. Notre lieutenant, pour m'en dédommager, amena le lendemain matin le chevalier de Menil dans ma chambre; & nous prîmes du thé ensemble, avec un certain air de liberté. Il le remit dans la sienne quelques momens après. Mais le chevalier, en sortant de chez moi, laissa tomber adroitement un billet. La gouvernante Rondel s'en apperçut,

le ramaſſa, & toute joyeuſe vint
me le donner. Elle étoit ravie de
tout ce qui pouvoit me divertir.
J'y trouvai ces paroles énigmati-
ques :

## BILLET.

Le ſage légiſlateur, qui recon- «
noît avoir établi une loi trop dure, «
doit en avouer la modification. «
Le ſujet ſoumis attend cet aveu, «
avant que de ſe permettre la «
moindre tranſgreſſion. Sçavoir ſi «
cette loi demeurera éteinte pour «
toujours, ou ſi ce ne ſera que «
pour un temps. En ce dernier «
cas, la tranquillité du peuple ne «
ſouffre point de ſuſpenſion. «

Cette continuation de notre

aventure fous une nouvelle forme , me plut , & m'entraîna dans
une démarche plus importante
que celle qui l'avoit précédée. Je
répondis à ce billet : je ne me fouviens plus en quels termes ; mais
cela vouloit dire : Parlez , on vous
écoute. Et cette réponfe fut rendue furtivement. Menil , encou-
ragé par le confentement que je
paroiffois donner à fes deffeins ,
les pouffa plus loin. Il hazarda de
s'introduire dans ma chambre fans
conducteur.

L'appartement du lieutenant
étoit au deffus du mien , où il entroit à toute heure ; & pour plus
de facilité , il laiffoit la clef à ma
porte. Menil ayant , de force &

d'adreſſe, ouvert la ſienne, il ne lui fut pas difficile d'entrer chez moi. Il prit l'heure où le lieutenant de roi alloit ſouper au gouvernement. C'étoit un corps de logis ſéparé du nôtre par deux cours, où le gouverneur demeuroit.

A cette vue inopinée, je fus frappée du plus grand étonnement. La crainte, l'inquiétude mêlées à la joie de ce que hazardoit pour me voir quelqu'un qui commençoit à me plaire, mirent une extrême confuſion dans mes ſentimens. Le plus agréable prit le deſſus, écarta les autres ; & j'écoutai ce qu'on vouloit m'apprendre. C'étoit la découverte d'un atta-

chement férieux , voilé jufqu'a-
lors fous les badinages qui avoient
pu paffer jufqu'à moi. Pour donner
quelque fondement à ces grands
fentimens , dont je voulois douter,
on alléguoit une ancienne eftime
que ma réputation avoit fait naître. Tout ce qui tend à nous per-
fuader de notre propre mérite, pa-
roît du moins vraifemblable. Je
n'examinai pas ceci à la rigueur.
Difpofée à croire que le chevalier
de Menil me jugeoit digne d'être
aimée , & m'aimoit, je me laiffai
aller à cette perfuafion. Toute occupée de ce qu'il me difoit, à peine
pris-je garde à mes réponfes ; fon-
geant moins à lui cacher , ou à lui
montrer mes fentimens , qu'à me
convaincre des fiens.

Le païs que nous habitions, abrége beaucoup les formalités. Partout ailleurs j'euſſe été longtemps ſans vouloir écouter, plus longtemps encore à répondre ; mais dans un lieu où, parvenus à ſe voir, on ne ſçait pas ſi l'on ſe reverra jamais, on dit en une heure ce que hors de-là on n'eût pas dit peut-être dans le cours des années ; & non-ſeulement on y parle, mais on y penſe tout autrement qu'on ne feroit ailleurs.

Cette converſation ſi remplie ne fut pourtant pas longue. Nous étions avertis de l'entrée de nos maîtres dans la cour du château, par un coup de pique que donnoit la ſentinelle. Il fut le ſignal pour nous séparer. Le lieutenant de roi vint, comme à son ordinaire, me donner le bon soir en rentrant chez lui, & fermer bien & duement mes portes, dont les clefs, ainsi que toutes les autres, restoient la nuit dans sa chambre. Comme il n'étoit en aucune défiance, il ne remarqua pas l'air occupé que j'avois, ou l'attribua à la cause générale.

Quand je me vis seule, je me livrai à des réflexions sans fin sur ce qui venoit de se passer. Je ressassai toute la conversation, pesai chaque mot, interprétai les mines & les airs, commentai les sens suspendus ; & je tirai du tout des conséquences à perte de vue. Arrivée au point où les objets se troublent

& fe confondent par leur éloignement & leur multiplicité, je reve-
nois fur mes pas ; & je trouvois ,
dans la bizarrerie de notre connoiffance , dans fes fuites fingu-
lieres , tous les préfages d'un engagement qui pouvoit aller loin.
Je n'en voulois pas prendre dont
je puffe me repentir ; & malgré
le penchant qui déja m'entraînoit,
aidée de l'avantage du lieu , je pris
la réfolution de rompre ce commerce devenu dangereux.

J'écrivis dans cet efprit une lettre au chevalier de Menil, où je
lui marquois que je m'étois prêtée
volontiers à tout ce qui ne m'avoit
paru qu'une pure badinerie ; mais
qu'après s'être expliqué fur un au-

tre ton avec moi, je ne pouvois plus avoir de relation avec lui, fans démentir la conduite de toute ma vie, & les principes fur lefquels je l'avois établie ; que je ne voulois pas ajouter aux malheurs où la fortune m'avoit enveloppée, ceux où l'imprudence pourroit me précipiter, d'autant plus fenfibles que le reproche m'en appartiendroit uniquement.

Il n'y avoit peut-être pas un mot de ce que je dis-là dans ma lettre ; mais c'en étoit à peu près le fens. Elle donnoit un congé abfolu, de maniere pourtant à ne le point faire accepter : auffi ne le fut-il pas. J'eus une réponfe toute pleine de réfolution de furmonter

la mienne. Menil ne s'en tint pas
à l'écriture. Il revint comme il
avoit fait la veille. Je voulus le
renvoyer; il s'obſtina à reſter, employa toutes les proteſtations d'un
attachement ſans bornes & ſans
fin, tel que je ne pourrois jamais
le déſapprouver, ni me repentir
d'y répondre. J'inſiſtai toujours
ſur la ferme réſolution de ne me
jamais embarquer dans un commerce dangereux. Je dis que, plus
il vouloit me perſuader de la vérité de ſes ſentimens, plus il m'ap-
prenoit à les craindre, & me con-
traignoit à ne les pas écouter.
Tout ce qui ſe peut dire ſans changer de ton, fut dit de part & d'autre, quoiqu'en abrégé. Je finis en

priant très-férieufement monfieur de Menil de ne plus tenter de me voir, & de renoncer à toute relation directe avec moi, ne voulant point courir les rifques que notre fituation ajouteroit aux dangers propres de ces fortes de liaifons.

Il me quitta avec toutes les apparences d'une extrême douleur, foumife néanmoins à mon expreffe volonté. J'étois fort contente d'une fi belle défenfe de ma part, qui ne laiffoit pas de me coûter beaucoup. Je perdois l'amufement de ma folitude, & toutes les reffources que me préfentoient des fentimens propres à m'occuper. Il n'y avoit plus moyen de revenir à ce commerce frivole, dépour-

vu alors de toutes ſes graces, &
d'ailleurs épuiſé. Mais Menil ne
fut pas ſi facile à conduire que je
l'avois penſé.

Il m'écrivit qu'il ne pouvoit
ſoutenir le parti que je l'avois forcé de prendre ; qu'il avoit fait
mille réflexions, & trouvé des
moyens d'aſſurer ſon repos, ſans
troubler le mien ; qu'il me demandoit, pour toute grace, qu'il pût
me voir & me communiquer ſes
deſſeins ; qu'il ſe flattoit que j'en
ferois contente ; & qu'enfin, quelque fût après cet entretien ma
déciſion, il s'y ſoumettroit ſans
réſerve.

J'entrevis ce que Menil me vouloit dire. Je crus qu'il falloit l'en-

tendre. De plus, j'avois grande envie de le revoir. Je confentis donc
à cette nouvelle entrevue. Il vint.
Je le reçus d'un air affez trifte &
un peu embarraffé. Eh bien! monfieur, lui dis-je, que voulez-vous
me dire encore? Il demeura quelque temps fans répondre, comme
pour mettre de l'ordre dans des
penfées confufes. Enfin prenant
la parole : Vous avez pu croire,
dit-il, tant que je n'ai fait que vous
débiter des fariboles, que je ne
fongeois qu'à charmer l'ennui de
ma folitude. Il eft pourtant vrai
que dès-lors je penfois à former
avec vous une liaifon qui pût devenir plus intime. Vous avez dû
remarquer dans la multitude de
mes

mes queſtions, un extrême déſir de démêler votre caractere, vos goûts, vos ſentimens, & de parvenir de plus en plus à vous connoître au travers de tout ce qui vous déroboit à mes regards. Notre ami, ajouta-t'il, vous a conté un rêve dont je lui fis part. Je l'avois fait tout éveillé. C'étoit le produit des réflexions que je faiſois ſans ceſſe ſur l'heureux ſort de quelqu'un qui paſſeroit ſa vie, en quelque lieu que ce fût, avec une perſonne telle que vous. Si lorſque je ne vous connoiſſois que par le témoignage d'autrui, j'ai pu penſer de la ſorte ; jugez ce qu'une connoiſſance plus directe de tout ce qui ſe trouve en vous, a dû ajouter à l'idée que je m'étois faite du bonheur d'en devenir inséparable. C'eſt donc cette parfaite félicité que je ſonge à m'aſſurer, ſi mes vœux vous ſont agréables. Vous vous êtes allarmée mal-à-propos de l'offre que je vous en ai faite. Je ne l'euſſe pas hazardée, ſi mes intentions avoient été moins dignes de vous. Je n'ai pas cru cependant, continua-t'il, qu'elles duſſent paroître dans mes premiers diſcours. Il m'a ſemblé convenable de connoître les ſentimens que je pouvois vous inſpirer, avant que de vous montrer toute l'étendue des miens : & je ne m'en ferois pas encore expliqué, ſi j'avois pu ſupporter cette privation de tout commerce avec vous, à laquelle je me voyois ſi abſolument condamné.

J'avois écouté avec étonnement & ſans interruption, ce long diſcours du chevalier de Menil. Je lui dis, lorſqu'il ceſſa de parler, que je ne pouvois qu'être ſenſiblement touchée de ce qu'il penſoit pour moi, ni mieux le reconnoître qu'en n'y adhérant pas ; que je devois lui apprendre, s'il l'ignoroit, combien mon état en tout ſens étoit diſproportionné au ſien ; que je n'avois ni nom, ni bien, & ne poſſédois pour tout avantage qu'un titre humiliant & ineffaçable ; que s'il étoit au fait de ma miſérable fortune, j'y devois porter toute son attention, & lui faire envisager le blâme qu'il encoure-roit, dont je ne voulois être ni la cause, ni l'occasion. Il me dit qu'il connoissoit parfaitement l'état de ma fortune, & n'avoit de peine à cet égard que de ne m'en pouvoir of-frir une meilleure que la sienne ; que l'opinion du monde ne l'em-barrassoit pas davantage; qu'il étoit sûr de l'approbation des gens raisonnables, & ne croyoit pas qu'on dût sacrifier son bonheur au jugement pervers de la multi-tude insensée; qu'il ne me décla-roit point ses vues sans les avoir bien examinées, & sans s'être en-tiérement affermi dans la résolu-tion qu'il avoit prise ; que je ne devois pas craindre qu'elle pût changer, puisqu'elle avoit devancé la passion qui s'étoit jointe à la parfaite estime qu'il avoit pour moi ; que cette passion le rendroit infiniment malheureux , si je ne consentois pas à le voir autant qu'il seroit possible, jusqu'à ce que, dégagé de ses chaînes, il pût exécuter ses desseins.

Je le conjurai de faire de nouvelles réflexions sur des choses si importantes & si remplies d'inconvéniens ; & je lui dis que , si après y avoir suffisamment pensé, il persistoit à vouloir s'attacher pour jamais à moi, je me croirois permis de vivre avec lui , autant que notre situation le comportoit, perſuadée qu'il conſerveroit tous les égards dus à l'eſtime qu'il me témoignoit. Il me jura que ſon reſpect & ſa ſoumiſſion ſeroient toujours le principal témoignage de l'attachement qui le dévouoit à moi pour toute ſa vie. Ces conventions faites, nous nous ſéparâmes. Je demeurai le cœur & l'ame ſi remplis, qu'il n'y avoit d'action ni dans l'un ni dans l'autre. Je ne pouvois penſer, ni même ſentir que confuſément. Ce cahos enfin ſe débrouilla. Je démêlai que j'étois vivement touchée des ſentimens qu'on venoit de me montrer. Je vis un libérateur qui venoit briſer les chaînes de ma ſervitude, m'affranchir de cette captivité plus contraire à ma façon d'être que celle que je subissois alors, & combler mon bonheur, en associant ma vie à la sienne.

Ce n'est qu'à titre de souverain bien, que les objets ont droit de nous passionner. Ils ne s'emparent de toute notre ame, qu'en s'offrant à nous sous cet aspect. Je crus l'avoir trouvé ce bien par excellence, que nos désirs poursuivent sans cesse, & n'attrapent jamais. Je ne sçavois pas alors qu'il n'existe point dans le monde. Je pensai qu'il devoit résider dans une union constante & bien assortie. Séduite par cette flatteuse illusion, je me laissai surprendre par une passion plus vive que celle que j'avois infpirée. Je ne mis nul obftacle à fes progrès ; & loin de m'en allarmer, j'en faifois la mefure du bonheur que je me promettois. Il faudroit partir du point où j'étois, raffembler les diverfes circonftances de ma fituation actuelle & précédente, pour concevoir comment je laiffai prendre tant d'empire fur moi à des fentimens qu'il femble que je devois aifément maîtrifer.

Le lendemain de cette converfation, je reçus une lettre du chevalier de Menil, plus remplie que jamais de tout ce qui pouvoit me toucher & me raffurer. Nous nous vîmes, comme par hazard, chez le lieutenant de roi qui étoit incommodé. Nous lui avions fait demander féparément la permiffion de l'aller voir, & la grace de nous faire conduire chez lui. Menil y alla le premier. Je fis enfuite propofer ma vifite; elle fut auffi-tôt acceptée.

Maifonrouge, qui ne foupçonnoit rien de notre intelligence, fut ravi de cette rencontre. Elle me caufa une joie fi fenfible, que le moment en eft refté dans mon fouvenir, comme un des plus agréables de ma vie. Le fecret de notre liaifon dérobé au témoin intereffé qui en avoit formé les premiers nœuds, ajoutoit encore je ne fçais quoi de piquant aux charmes que nous goûtâmes à nous voir. Il dura peu ; car rien ne dure, sur-tout en ce pays-là. L'inquiétude n'y laisse prendre confiftance à aucune chofe. Nous trouvâmes moyen de nous revoir les jours fuivans. Les intentions, les proteftations me furent réitérées ; Je les agréai & laiffai voir mes fentimens, dont on me témoigna une entiere fatisfaction. Je n'en avois pas moins à ne les plus cacher. Nous convînmes de nous voir autant que nous le pourrions fans imprudence, & de nous écrire auffi fouvent qu'il nous feroit poffible.

La chere Rondel nous prêta fon miniftere, pour donner & recevoir nos lettres, obferver les momens propres à nous voir , & nous garantir des furprifes. Elle avoit affez bonne opinion de moi, pour croire que je ne formois une telle liaifon qu'à bon titre ; & ne s'y feroit pas prêtée, fi, par ce que je lui laiffai entrevoir, elle n'avoit eu tout lieu d'en juger favorablement.

Le chevalier de Menil avoit vu auffi-bien que moi, que Maifonrouge m'aimoit avec paffion. Nous fentions combien il étoit important de lui cacher notre correfpondance, qu'il ne gouvernoit plus. Les lettres plus intereffantes que nous nous écrivions , nous avoient dégoûtés de celles qui paffoient par fes mains. Il remar-

qua notre négligence à cet égard, &
m'en fit des reproches. J'en écrivis
encore quelques-unes pour écarter ses foupçons, & colorer la ceffation apparente de nos écritures.

Ce genre de lettres devenu infoutenable, tomba tout-à-fait. Nous
nous écrivions, & nous attrapions
des momens de converfation. J'en
rapporterai une que je n'ai pu oublier, dans laquelle témoignant à
monfieur de Menil mille craintes,
mille inquiétudes de m'être livrée
à mes fentimens fur des apparences peut-être incertaines, il m'offrit d'appuyer d'un engagement
par écrit les affurances qu'il m'a-
voit données de fes intentions.
Hélas! lui dis-je, à quoi cela fe-

roit-il bon ? Si vous conſervez votre attachement pour moi, vous
ſuivrez les réſolutions qu'il vous
a fait prendre : ſi vous veniez à le
perdre, voudrois-je oppoſer vos
paroles à vos ſentimens, & vivre
avec vous ſans que vous fuſſiez
de plein gré tout à moi ?

Je croyois, en parlant de la ſorte,
ſuppoſer l'impoſſible. La conve-
nance entre nous me ſembloit ſi
parfaite, qu'elle me rappella l'i-
dée de ces ames créées doubles,
qui ſe cherchent toujours, ſe re-
trouvent rarement, & dont l'heu-
reuſe rencontre fait la ſuprême félicité. Je lui fis part de cette penſée, qu'il adopta comme le véritable caractere de notre liaiſon. Je

faifois alors l'effai d'un bonheur qui m'étoit inconnu. J'avois auparavant aimé, fans être aimée ; ou l'on m'avoit aimée, fans me plaire. Je n'avois pas encore éprouvé le charme d'un attachement réciproque, qui me paroiffoit devoir être inaltérable. Le caractere du chevalier de Menil, fa réputation, fa conduite mefurée, fon âge déja affez éloigné de celui où l'on s'engage fans fçavoir ce qu'on veut ni ce qu'on fait, me répondoient de fa conftance & de la fidélité de fes paroles. Je n'avois d'inquiétudes que celles qui naiffoient fous nos pas, dans un terrein fi propre à les produire, & à leur donner un continuel accroiffement. Nous

en avions de cette espece à chaque inflant ; le moindre bruit
nous menaçoit d'événemens re-
doutables ; l'air un peu plus fombre d'un maître jaloux ( car il le
devenoit, fans fçavoir combien il
le devoit être ) nous préfageoit
tout ce qu'il y a de plus funefte.

L'arrangement que nous avions
pris, de nous voir, avoit perfifté
jufqu'à ce qu'on transférât le duc
de Richelieu d'une tour, où d'a-
bord on l'avoit mis, dans un appartement au-deffus de celui du
chevalier de Menil. La proximité
d'un homme fi alerte obligea de
prendre de plus grandes précautions. Le lieutenant de roi crut
devoir mieux ferrer les clefs qu'il

avoit coutume de laiſſer à ma porte, devant laquelle les habitans
du quartier paſſoient pour aller à
leur promenade. Quoiqu'ils fuſ-
ſent toujours bien accompagnés,
on ne vouloit pas laiſſer ſous leurs
yeux cet objet de ſcandale.

Le lecteur (ſi jamais lecteur y
a de ce manuſcrit) aimeroit mieux
ſçavoir pourquoi le duc de Richelieu fut mis à la baſtille, & le détail de ſon affaire, que les minu-
ties qui me regardent ; mais je n'en
fus pas aſſez inſtruite pour en rendre compte. Je ſçais ſeulement
que, comme nous & ſans notre
participation, il avoit pris des liai-
ſons avec l'Eſpagne ; & que, malgré les traitemens les plus durs,

les

les interrogatoires longs & fréquens qu'il subit , & toutes les
adreffes qu'on employa pour le fur-
prendre , jufqu'à des lettres con-
trefaites de la part d'une princeffe
qui s'intereffoit à lui, on ne put
fe rendre maître de fon fecret ;
& qu'enfin , par des intrigues de
cour où l'amour eut beaucoup de
part, il obtint fon élargiffement ,
& en attendant de grands adou-
ciffemens à fa captivité.

Ce logement plus commode
qui lui fut donné , & la liberté d'en
fortir pour fe promener, amene-
rent la réforme qui nous défola.
Elle s'obfervoit lorfque les miniftres devoient paroître ; mais ce
n'étoit qu'un jour en paffant ; &

ce jour même nous étoit bien difficile à paſſer. Il n'y a point d'habitude qui ſe contracte ſi aiſément que celle de voir quelqu'un qu'on aime ; ni rien qui devienne ſi néceſſaire , pour peu qu'on en ait l'habitude. Je commençai donc à éprouver les traverſes qui ſuivent les paſſions, & en rendent l'exercice ſi pénible. J'en avois déja eu quelqu'une par les fantaiſies de Menil qui, contre toute raiſon, ſe fâchoit de temps en temps des complaiſances que je ne pouvois me diſpenſer d'avoir pour notre lieutenant. J'en retranchois pourtant tout ce qui m'étoit poſſible. Je lui avois révoqué la permiſſion de venir chez moi le ſoir après son souper, sous prétexte que je voulois dormir de meilleure heure. Il ne résistoit à rien de ce que je voulois ; encore falloit-il de mon côté céder quelquefois à ce qu'il souhaitoit.

Un jour qu'il m'avoit apporté sa chasse, & soupoit avec moi, Menil, qui avoit le secret d'ouvrir sa porte, vint écouter à la mienne. Il prétendit que j'avois été fort gaie, & que j'avois parlé de lui avec une légéreté offensante. Mais ce qui lui déplut encore davantage, c'est qu'en sortant de table, comme il faisoit extrémement chaud, nous nous mîmes à la fenêtre. Le lieutenant me proposa de chanter. Je commençai une ſcène de l'opera d'*Iphigenie*. Le duc de Richelieu, auſſi à ſa fenêtre, chanta ce qu'Oreſte répond dans cette ſcène, convenable à notre ſituation. Maiſonrouge, qui penſa que cela m'amuſoit, & qui peut-être vouloit faire diverſion, nous laiſſa achever toute la ſcène. Elle ne divertit nullement le chevalier de Menil. Le lendemain il me fit des queſtions dans ſes lettres ſur la converſation du ſouper, que je ne ſçavois pas qu'il eût écoutée. Je ne me ſouvenois plus qu'il y eût été fait mention de lui; & je ne lui en dis rien. Cela lui parut un myſtere, dont il fut ſi outrément fâché, qu'il vouloit que je me brouillaſſe avec Maiſonrouge. Cependant je lui fis fi bien comprendre les grands inconvéniens qui en naîtroient, qu'il s'appaifa.

Nous ne fûmes pas longtemps fans trouver moyen de nous rapprocher. La réforme fe relâcha, comme elle fe relâche toujours. Nous reprîmes à peu près notre train de vie ordinaire. Cette petite abfence, adoucie par de fréquentes lettres, ne fervit qu'à donner plus de prix à la fatisfaction de nous revoir. Nous en jouîmes quelques jours affez paifiblement. L'humeur fombre du lieutenant nous perfuada qu'il s'en doutoit, & fermoit les yeux. Cette opinion nous rendit moins circonfpects.

N iij

Après avoir été imprudens, nous devînmes téméraires. Nous prolongions nos entretiens ; & nous fûmes pluſieurs fois en danger d'être ſurpris. Enfin un ſoir, Menil voulant ſe retirer crainte d'accident, je le retins indiſcretement. Un moment après, & plutôt qu'à l'ordinaire, les portes-clefs, qui avoient depuis quelque temps des ſoupçons contre nous, vinrent donner le dernier tour de main à nos portes, & emporterent nos clefs, avec toutes les autres, chez le lieutenant de roi.

Je ne ſçaurois repréſenter le ſaiſiſſement où je fus, quand j'entendis qu'on nous enfermoit. Quel parti prendre dans une conjoncture si fâcheuse ? Tout ce que je voyois nettement, c'est qu'il ne falloit pas que le chevalier de Menil demeurât enfermé dans ma chambre. Qu'il eût été chez moi dans la journée, ce n'étoit que l'infraction d'une loi ou coutume locale ; mais qu'il y passât la nuit, c'étoit un scandale par tout païs. Eh comment l'en faire sortir ? Les portes étoient barricadées de façon à ne pouvoir rien tenter de ce côté-là. Les fenêtres n'étoient pas plus accessibles. Il ne me restoit d'autres ressources qu'en la miséricorde du pauvre Maisonrouge griévement offensé dans l'occasion présente. Enfin je m'armai de tout le courage que requéroit une nécessité si pressante ; & j'attendis à ma fenêtre son retour de chez le gouverneur où il soupoit.

Aussitôt qu'il entra dans la cour, je l'appellai , & lui dis que je le priois de venir me donner le bon soir. Il courut chez lui rechercher ma clef, & vint chez moi transporté de joie de cette faveur inaccoutumée. Je m'avançai vers lui : son rival, un peu à l'écart , ne s'offrit pas d'abord à sa vue. Je lui dis , avec l'air du monde le plus embarrassé : Vous avez appris à mon voisin le chemin de mon appartement; il l'a pris indiscretement sans vous. On est venu nous enfermer : vous ne voudriez pas le laisser ici ; délivrez-m'en , je vous conjure. Au

premier mot que je proférai, il apperçut le chevalier de Menil, & 
changea de visage. L'air gai qu'il 
avoit en entrant, prit tout à coup la 
teinture la plus sombre, & il nous 
dit d'un ton fort sec : Que c'étoit le 
jetter dans un grand embarras ; 
qu'il ne pouvoit aller chercher les 
clefs de la chambre de monsieur 
Menil, redescendre & l'ouvrir, 
sans que ses gens & ceux de la 
maison s'en apperçussent, & ne 
formassent des soupçons aussi dé-
favantageux pour lui que pour moi. 
Je convins qu'il avoit raison de se 
plaindre de notre imprudence ; 
j'avouai mon tort ; je promis de n'y 
plus retomber ; j'implorai son amitié, comme mon unique ressource.

Il me quitta sans rien dire de plus ; fut chercher les clefs, vint reprendre Menil plus déconcerté qu'aucun de nous, le renferma chez lui, & ne rentra point chez moi.

Cette expédition faite, je me trouvai fort soulagée , quoiqu'il me restât de grands sujets de peine. La juste indignation d'un homme à qui j'avois tant d'obligations, que j'exposois, pour suivre mes fantaisies , au reproche de trahir son ministere par de honteufes complaisances ; mes supercheries envers quelqu'un qui s'étoit livré à moi sans réserve :

*Improbe Amor , quid non mortalia pectora cogis ?*

enfin ce cruel tyran gémissoit lui-même au fond de mon cœur de ma féparation d'avec l'objet qu'il m'avoit rendu fi cher.

Je ne pouvois douter que le lieutenant, intereffé à ma garde par l'honneur & par la jaloufie, n'y veillât d'affez près pour rendre inutile tout ce que nous aurions pu tenter. Ce mauvais fuccès m'avoit entiérement dégoûtée des pas hazardeux. Je me bornai au commerce de lettres, qui étoit facile, & devint plus fréquent.

Maifonrouge me vit comme à l'ordinaire, & ne me parla point de ce qui s'étoit paffé. Il me trouva trifte, & ne m'en demanda pas la caufe, qu'il ne fçavoit que trop. J'avois quelquefois l'injuftice de le haïr, & peut-être s'en appercevoit-il , fans que cela changeât rien à fa conduite , remplie de foins pour mon fervice , & de prévenance pour tout ce que je pouvois fouhaiter. Il me procura des nouvelles de madame de Grieu , & des autres perfonnes qui m'étoient cheres , & me donnoit toutes les petites libertés compatibles avec fon devoir & les bienféances. Dans les momens où la raifon me revenoit , elle me ramenoit à lui , toujours accompagnée du fentiment de reconnoiffance que je lui devois.

Cependant Menil , qui ne mettoit pas au jeu tant que moi , cherchoit fans relâche les moyens de renouer la partie. Il gagna par argent, par promesses, je ne sçais comment, un des portes-clefs. Ce sont les gens qui servent les prisonniers, leur portent à manger & toutes les choses dont ils ont besoin. Les clefs des chambres sont entre leurs mains le long du jour. Celui-ci donc, en sortant de la mienne, ne fit que semblant de la fermer, & Menil y entra pendant que le lieutenant dînoit chez le gouverneur. Je fus effrayée de le voir, je voulus le renvoyer. Il me rassura, me dit que les moyens qu'il avoit pris étoient sans aucun risque. Je le crus, parce que j'avois fort envie de le croire. La joie de le revoir fit disparoître

les fages réflexions qui m'interdi-
foient des entrevues fi périlleufes.
Celle-ci fut des plus courtes, &
nous ne les réïtérâmes qu'avec de
grandes précautions. Je ne voulus plus m'expofer à l'heure du
foir qui m'avoit été fi fatale, &
nous conduisîmes notre folie (car
c'en étoit une grande de nous revoir) auffi raifonnablement qu'il
étoit poffible. Mais fi nous nous
voïons peu, nous nous écrivions
fans ceffe. Le grand loifir dont
nous jouiffions, ne pouvoit être
rempli d'une occupation plus inte-
reffante.

Les premieres lettres que nous
nous écrivîmes dans ce nouveau
genre de commerce ne m'ont

point été rendues. Le chevalier de Menil, plus timide alors, les brûla. Plus aguerri par la suite ou plus foigneux de les conferver, il omit cet acte de prudence, & me rendit ce qui lui en étoit refté, quand j'eus lieu de les lui redemander. Je dirai en fon temps ce qui les fauva du feu, où elles étoient juftement deftinées, & me les fit garder.

Les petits faits qu'elles contiennent font le tiffu de cette aventure. Elles font les actes originaux qui en atteftent la vérité, & les fources où j'ai retrouvé une partie des chofes qui m'étoient échappées. Elles tiendront lieu de nos converfations, toujours troublées

par la crainte, abrégées par la prudence, plus courtes & moins fui-
vies que nos entretiens par écrit,
& presque entiérement effacées
de mon souvenir.

Notre désœuvrement produisit
une multitude innombrable de
ces lettres. La passion à laquelle
j'avois cru pouvoir me livrer sans
offenser ni la raison ni la vertu,
s'y trouve exprimée sans aucune
réserve. Je parlois à quelqu'un à
qui je me regardois comme déja
unie par les plus sacrés liens ; n'attendant, pour rendre cet engagement indissoluble & autentique,
que la fin de notre captivité.

Je faisois dans ces commencemens de notre liaison l'essai d'un
bonheur

bonheur parfait, fans y prévoir la moindre atteinte, lorfqu'un jour, que nous nous croïons plus en fu-reté que jamais, parce que le lieute-nant de roi étoit allé dîner à Vin-cennes chez le marquis du Châte-let fon ami & fon ancien colonel, monfieur le Blanc vint à la baftille dire au gouverneur, qu'il avoit befoin de quelque éclairciffement fur une déclaration qu'on avoit fait faire au chevalier de Menil, & qu'il falloit dans ce moment lui en parler. Le gouverneur, qui étoit à table, quitta fon dîner, & courut fi rapidement que Menil, qui étoit chez moi quand nous apperçû-mes qu'il alloit chez lui, n'eut pas le loifir d'y rentrer. Le gouverneur ne le trouva point. Mais Menil le fuivit d'affez près pour effuyer tout le feu de fa colere, dont les éclats rejaillirent fur moi. Après cette premiere décharge qui fut violente, il exécuta la commiffion du miniftre, & lui porta la réponfe, fans lui rien dire de l'accident furvenu, dont on fe feroit pris à fon défaut de vigilance. Mais auffitôt que monfieur le Blanc fut parti, il fit transférer le chevalier de Menil dans une tour, & le logea dans une efpece de cachot fort éloigné de mon appartement.

La rigueur de ce traitement & le mauvais air d'un déménagement fi précipité, m'accablerent d'affliction. Je me livrai, contre mon ordinaire, aux larmes & au défefpoir. Jamais fentiment fi douloureux n'avoit pénétré dans mon ame : je la fentois comme féparée d'elle-même, fans efpoir de réunion.

Je fuppofois Menil auffi affligé que moi. Sa peine ne doubloit pas feulement la mienne, elle la rendoit fans mefure. Les incommodités corporelles qu'il alloit éprouver dans cette affreufe demeure, jointes aux tourmens de fon ame, me faifoient craindre pour fa fanté, & même pour fa vie : car l'efprit hors de lui-même ne s'arrête fur rien. L'incertitude de toutes ces chofes, dont je ne pourrois vraifemblablement m'éclaircir, mettoit le comble à tant de maux.

Maisonrouge absent ce jour-là, me laissoit sans aucune consolation. Malgré tous mes torts à son égard, j'attendois encore tout de lui; & je ne me trompai qu'en ce qu'il surpassa de beaucoup ce que j'en espérois. Il vint chez moi le soir, dès qu'il fut de retour. Le gouverneur l'avoit déja informé de ce qui s'étoit passé. Le tendre interêt qu'il prit à l'état où j'étois, ne laissa naître dans son cœur ni dépit, ni ressentiment de mes offenses; ou il le surmonta si bien, que je n'en vis aucun indice. Il s'affligea avec moi du malheur qui m'étoit arrivé, & m'assura qu'il se préteroit de tout son cœur à tout ce qui pourroit servir à ma consolation.

Sensiblement touchée de trouver de si favorables dispositions
en quelqu'un de qui je les avois si
peu méritées, je ne lui dissimulai
pas mes sentimens ; je crus les pouvoir répandre dans le sein d'un si
parfait ami. Il me sembla que, quelqu'amertume qu'il y pût trouver,
elle seroit adoucie par les témoignages de mon estime & de ma
confiance ; & que loin de lui faire
une blessure nouvelle, en lui
avouant ce qu'il n'ignoroit pas,
c'étoit apporter à celles qu'il avoit
reçues le seul remede qui fût
en mes mains. Je me déterminai donc à un franc aveu. Je dis
à monsieur de Maisonrouge, que
je devois au soin qu'il avoit pris

de me fournir des diſtraƈtions dans mes malheurs, ma connoiſſance avec le chevalier de Menil ; que j'avois cru, comme lui, n'en faire qu'un ſimple amuſement ; que l'habitude & le défaut d'occupation m'avoient peu-à-peu attachée à ce qui n'avoit fait d'abord que me divertir ; qu'on m'avoit montré des ſentimens dont je m'étois laiſſé toucher ; & qu'enfin j'en avois pris qui m'avoient conduite dans tous les écarts qu'il m'avoit vu faire ; que je le priois de me les pardonner. Je me tus. Il demeura quelque temps comme abîmé dans la confuſion de ſes propres ſentimens. L'attendriſſement que lui cauſoient les marques de ma

confiance & de mon repentir paroiſſoit ſur ſon viſage ; enfin faiſant
effort pour s'expliquer, Ma chere
amie, me dit-il (c'eſt ainſi qu'il
m'appelloit) , vous ſçavez que je
ſuis tout à vous. Je vais vous en
donner des preuves indubitables :
mais il faut que vous me diſiez
quels ſont vos engagemens avec
monſieur de Menil. S'il a deſſein
de rendre votre ſort plus heureux ;
puiſque le mien n'eſt pas digne de
vous être offert, je me préterai
ſans réſerve à tout ce qui pourra
contribuer à votre bonheur , &
même à votre ſimple ſatisfaction.
Si le chevalier de Menil n'a d'autre vue que de vous plaire, il ne
feroit digne ni de vous, ni de moi,

O iv

que vous entretinffiez , par mon
miniftere , aucun commerce avec
lui ; & pour l'amour de vous-mê-
me , il ne faudroit fonger qu'à vous
en détacher. Dès que le chevalier
de Menil , lui dis-je , a voulu quitter le ton de plaifanterie par où
nous avions commencé , j'ai refu-
fé de l'entendre , & m'y fuis obf-
tinée , jufqu'à ce qu'il m'ait fait
voir l'intention qu'il avoit d'unir
fa fortune à la mienne. Je lui en
ai préfenté tous les inconvéniens ;
& ce n'a été qu'après m'être con-
vaincue qu'il en avoit véritablement formé le deffein , que j'ai
confenti de lier ce commerce avec
lui. Toute autre marque de fon
attachement ne m'eut jamais ré-

folue à démentir la conduite que j'ai toujours tenue. Il eſt vrai que je n'ai pas cru m'en écarter, en répondant à des ſentimens qui s'accordent avec la vertu, & qui ne pouvoient me permettre de l'oublier. Mais pourquoi me cacher, reprit Maiſonrouge, à moi qu'on nomme votre tuteur ( des gens de mes amis lui donnoient ce nom ), à moi qui déſire votre bien ſi paſſionnément, des vues qui s'y rapportoient ? Doutiez-vous que je ne les favoriſaſſe de tout mon pouvoir? Ne m'imputez point, lui dis-je, ce myſtere qui m'a tant coûté. On l'a exigé ſi abſolument de moi, qu'à peine oſerois-je encore vous le révéler, si ce que je dois à votre amitié & à mon honneur dans la conjoncture présente ne m'y obligeoit indispensablement. Le chevalier de Menil n'a pas dû croire, reprit Maisonrouge, que je blâmerois ses desseins, ni craindre que je pusse les traverser. Mais n'en parlons plus. Voyons ce que j'ai à faire, pour vous tirer de la peine où vous êtes.

Je suis outrée, lui dis-je, contre votre gouverneur de l'éclat qu'il a fait. Les prisonniers sont tout yeux, tout oreilles ; ils ont beau être renfermés, ils découvrent tout ce qui se passe ; ils se croient interessés au moindre mouvement qu'ils apperçoivent,

& le suivent jusqu'au bout. Ne doutez donc pas que la translation précipitée du chevalier de Menil ne soit sçue ici de tout le monde, & mal interprétée sur mon compte. Faites sentir, je vous prie, au gouverneur combien j'ai sujet de me plaindre, qu'il m'ait affublée d'une histoire qui, n'étant pas approfondie, peut me faire beaucoup de tort. Dites-lui que je souhaite de lui parler moi-même, & engagez-le à me venir voir. J'y vais sur le champ, me dit Maisonrouge ; je verrai aussi le chevalier de Menil, & je vous rendrai bon compte de ce qui le regarde. Ne vous affligez point, & comptez absolument sur moi.

Il me quitta , & je retombai dans l'accablement dont la néceſſité de lui parler m'avoit fait ſortir.

Tous les maux que je ſentois , tous ceux que je craignois me ſerroient de ſi près , que je ne pouvois reſpirer. La pauvre Rondel faiſoit ce qu'elle pouvoit pour me conſoler par de ſages diſcours & par de vaines eſpérances ; mais je n'entendois rien que le bruit confus des paſſions dont j'étois agitée. Je paſſai une nuit cruelle. L'horreur des ténébres ſemble donner une nouvelle force aux objets qui nous tourmentent. Dès que le jour ſe fit entrevoir , je me donnai le ſoulagement ( ſi c'en étoit un ) d'écrire une lettre à Menil que je ne pou-

vois lui faire tenir. Je lui en écrivis encore une autre dans ce triste
état. Il ne les eut toutes deux que
longtemps après.

Je ne revis le lieutenant que le
lendemain. Il m'apprit que le chevalier de Menil, aigri de l'indigne
traitement qu'il avoit reçu, s'en
étoit expliqué très-vivement avec
le gouverneur, & l'avoit extrémement irrité contre lui. Maisonrouge me dit cette fâcheuse nouvelle,
avec tout l'adoucissement qu'il y
put mettre.

Je sentis les peines que cela
préparoit à Menil. Le lieutenant
me conta que monsieur le Blanc,
dans le moment de notre cataf-
trophe, avoit apporté une permis-

fion de mettre le chevalier de Menil en fociété avec le duc de Richelieu ( de qui l'on vouloit def-
ferrer les liens ) , & de les faire dîner l'un & l'autre chez le gouverneur, alternativement avec la bande des marquis de Pompadour &
de Boifdavis qui avoit fon jour
pour y aller ; que le gouverneur,
fans s'en expliquer avec le miniftre , avoit réfolu de ne point donner cette liberté à monfieur de
Menil. Je fus extrémement fâchée
de le voir privé d'un adouciffe-
ment à fa captivité, fi propre à
diffiper fa trifteffe préfente. Je conjurai le lieutenant de mettre tout
en œuvre, pour le raccommoder
avec le gouverneur ; afin qu'au

moins il pût jouir des faveurs du miniſtre, & ne pas eſſuyer de nouveaux dégoûts. Il me promit d'y travailler de tout ſon pouvoir, & le fit enfin avec ſuccès. Il m'inſtruiſit des chagrins de monſieur de Menil, de l'état de ſa ſanté, de tout ce qui le concernoit, avec toute l'exactitude que je pouvois déſirer ; m'apprit ce qu'il avoit dit au gouverneur ſur mon compte ; me dit que je le verrois, & que je ferois bien de lui marquer mon juſte reſſentiment, ſans oublier les ménagemens néceſſaires avec gens de qui l'on dépend.

Il vint en effet : & je lui dis, qu'après tant de marques de conſidération que j'avois reçues de ſa pàrt, je n'avois pas dû m'attendre que, fans égard au préjudice qu'il portoit à ma réputation, il eût manifefté avec tant d'éclat une irrégularité de conduite de ma part, qui n'étoit telle que par rapport au lieu que j'habitois; que depuis que je vivois dans le monde, j'avois reçu indifféremment les gens qui me venoient voir, hommes ou femmes, fans donner ombre de fcandale; que depuis que j'étois chez lui, ma femme de chambre renfermée avec moi affuroit la bienféance des vifites que j'avois pu recevoir; que la chofe de foi étant innocente, je n'avois pas mérité qu'elle prît, par le bruit qu'on en avoit fait,

une

une tournure équivoque. J'eus
beau lui vouloir faire comprendre qu'une faute, en tant que pri-
fonniere, n'en étoit point une felon les loix & les ufages ordinai-
res de la fociété; il ne connoiffoit de regles que celles de la geole, & ne voulut jamais admettre
cette diftinction; il me foutint toujours qu'après une licence fi crimi-
nelle, je devois lui fçavoir gré de
ne m'avoir pas traitée plus févé-
rement. J'entendis qu'il vouloit
dire qu'il auroit dû me mettre au
cachot. C'eft une menace fi ordinaire en ce lieu-là, qu'on la fait à
un chien qui aboye. Après de
femblables propos, nous nous fé-
parâmes médiocrement fatisfaits

l'un de l'autre , & nous vécûmes affez froidement enfemble. Il m'avoit rendu beaucoup de foins dans les commencemens ; mais le bruit ayant couru , même au palais-royal , qu'il vouloit époufer mademoifelle de Montauban, à quoi il ne fongeoit pas , il s'éloigna de fes captives ; & depuis que j'avois reconnu que c'étoit un ours qu'on ne pouvoit apprivoifer, je l'avois fort négligé.

Le lieutenant de roi redoubloit fes attentions à me plaire. Non content de tout ce qu'il avoit déja fait , cherchant à me donner une nouvelle confolation , il me fit écrire une lettre par le chevalier de Menil, & me l'apporta. Je

fus furprife d'une action fi fingu-
liere de la part d'un homme paf-
fionné & jaloux. Je me ferois con-
tentée, lui dis-je, de fçavoir des
nouvelles de monfieur de Menil
par le compte que vous m'en ren-
dez ; il n'étoit pas néceffaire d'aller au-delà. Non, dit-il, vous fe-
rez plus raffurée par ces témoignages de fa propre main, que
par ce que vous ne tiendriez que
de moi : faites-lui réponfe, je la
lui rendrai, & je vous promets de
vous procurer cette fatisfaction,
tant que votre féparation durera.
Il me dit enfuite qu'il travailloit
au raccommodement du chevalier
de Menil avec le gouverneur ; que
cela étoit en bon train ; & qu'il ef-

péroit que bientôt il jouiroit de la société qu'on lui avoit deſtinée.

Toutes ces choſes me mirent de la douceur dans l'ame. J'avois ſenti beaucoup de joie de revoir l'écriture de Menil dont j'étois privée depuis pluſieurs jours. Je n'en eus pas moins de lui écrire une lettre qui pût aller juſqu'à lui. J'en avois écrit quelques autres, pour amuſer ma douleur, qui m'é-toient reſtées entre les mains. Cel-les-ci, d'un ſtyle plus contraint, de-voient avoir un plus heureux ſort. Je n'y pouvois dire ce que je penſois ; mais c'étoit toujours lui par-ler.

Notre généreux ami revint la chercher. Je la lui donnai toute ouverte, comme étoit celle qu'il m'avoit rendue. Cet effort de fa complaifance devoit être ménagé de ma part avec difcretion. Auffi j'attendis toujours de fon propre mouvement un fervice qui lui coûtoit fi cher. Il m'a avoué depuis, que chaque fois qu'il prenoit ou rendoit nos lettres, il s'enfonçoit un poignard dans le cœur. Il n'en fut pas moins exact à fuivre l'ordre qu'il avoit établi pour notre commerce. Il m'apportoit une lettre; il m'en demandoit la réponfe le lendemain, & le jour fuivant il m'en rapportoit une autre.

Cependant monfieur de Menil réconcilié avec le gouverneur,

fut en poſſeſſion des prérogatives qui lui avoient été accordées par la cour. Il alloit dîner au gouvernement avec le duc de Richelieu, de deux jours l'un, & paſſoit une partie de la journée dans l'appartement de cet agréable camarade. Il n'y pouvoit aller ſans paſſer devant ma porte. Cette facilité de me donner de ſes nouvelles plus intimes que celles qui paſſoient par une main étrangere, le tenta. Il lâcha un billet, auquel il me prioit avec inſtance de répondre par la même voie. J'y ſentis une grande répugnance, moins encore par l'averſion que j'avois priſe des tentatives hazardeuſes, que par le caractere de trahiſon que por-

toit envers un si digne ami ce commerce furtif. Je cédai toutefois,
entraînée par cette avilissante paf-
sion, qui dégrade en nous toutes
les vertus, & qui devroit nous
être odieuse autant qu'elle nous
rend méprisables.

Il est vrai que d'abord j'usai rarement de ces nouveaux moyens
qui m'étoient offerts ; puis je m'y
accoutumai par la suite. Il m'arriva quelquefois de rencontrer Menil, lorsqu'il alloit ou revenoit de
chez le duc de Richelieu. Cela
faisoit un événement dans ma vie.
Le pauvre Maisonrouge nous mé-
nagea quelques-unes de ces ren-
contres, qui, quoique briéves,
nous paroissoient d'un grand prix.

P iv

Je ne jouis pas longtemps de cet avantage : une réparation qu'il fallut faire dans mon appartement, m'obligea de le quitter. On m'en offrit un qui m'auroit conservé les mêmes facilités. La crainte d'en abuser, plus encore que l'appré-hension d'un bruit incompatible avec le sommeil, me le fit refuser. On me préta le logement du capi-taine de la compagnie de nos gar-des, où je ne pouvois plus avoir de relation avec le chevalier de Menil.

Tous nos confors jouissoient de-puis quelque temps d'une espece de liberté, formant des sociétés sé-parées les unes des autres, dans lesquelles ils vivoient. On me con-

feilla de demander la même faveur ; je ne le voulus point. Il me
fembloit que le meilleur rôle que
j'euffe à jouer, c'étoit celui d'une
entiere inaction. Je pouvois tout
au plus me réfoudre à recevoir des
graces de la main qui me tenoit
aux fers ; mais je trouvois de la
baffeffe à les requérir , & de la
honte à paroître affez ennuyée de
moi, pour chercher une compagnie indifférente, que je prévoyois
qui me feroit en effet plus à charge
qu'agréable. Tout ce que je pus
faire pour déférer en quelque forte aux avis qu'on me donnoit, fut
d'écrire à monfieur le Blanc la lettre que voici :

## Lettre.

» Monseigneur,

» Ce n'eſt ni l'impatience ni l'en-
» nui qui me forcent à vous impor-
» tuner. Ce qui m'y détermine, eſt
» la juſte appréhenſion qu'une per-
» ſonne auſſi obſcure que moi
» ne ſoit totalement oubliée. Cet-
» te crainte eſt d'autant mieux
» fondée, qu'il eſt peu vrai-ſem-
» blable que les motifs de ma dé-
» tention en rappellent le ſouve-
» nir ; je me flatte qu'ils ſont auſſi
» peu remarquables que ma per-
» ſonne. Et dans cette opinion,
» j'ai trouvé quelque eſpece de
» néceſſité de vous remettre en

mémoire, que j'ai été amenée à «
la baftille à la fin de l'année «
1718, & que j'y fuis encore. «
Quand je fçaurai, monfeigneur, «
que vous vous en fouvenez, je «
me repoferai du refte fur votre «
équité & fur votre humeur «
bienfaifante ; contente, en quel- «
qu'état que je fois, d'obéir aux «
loix qu'on m'impofe, & de ré- «
vérer le pouvoir fouverain par «
une foumiffion volontaire à fes «
ordres. J'ai l'honneur d'être avec «
un profond refpeét, monfei- «
gneur, votre très-humble & très- «
obéiffante fervante. «                     «

*Ce 16 août 1719.*

Cette lettre ne produifit aucun

effet, c'étoit mon intention. Mais les perfécutions de la marquife de Pompadour auprès des miniftres, pour augmenter la compagnie de fon mari, obtinrent que j'y ferois admife. J'allois donc, avec lui & le marquis de Boifdavis, dîner chez le gouverneur, le jour marqué pour nous. Ils trouverent bon que ma compagne mangeât avec eux, pour que je ne fuffe pas feule de femme dans une fociété d'hommes. On me propofa de tenir la table le jour que l'autre troupe de captifs alloit au gouvernement. J'aimai mieux, pour éviter l'éternelle réfidence que nos gens defœuvrés auroient faite chez moi, établir nos repas ce jour-là chez monsieur de Pompadour. Le duc de Richelieu avoit alors obtenu sa liberté par le sacrifice d'une belle victime, qui, à ce qu'on prétendoit, s'étoit volontairement immolée à ce prix.

On avoit, depuis son départ, associé le chevalier de Menil avec le marquis de Saint-Genies, & Davisard, un des ministres de notre cour. Celui-ci me fit dire qu'il désiroit passionnément d'avoir un moment d'entretien avec moi. Je ne doutai point qu'il n'eût des choses très-importantes à me communiquer, dont la connoissance pourroit régler la suite de mes démarches.

Cependant je ne voulus pas

tenter la complaisance du lieutenant de roi dans une occasion qui compromettoit son devoir, que je respectois en ce qui étoit essentiel, autant qu'il le faisoit lui-même. Je cherchai des voies de supercheries, toujours permises aux gens privés des droits naturels de la société.

Le marquis de Saint-Genies logeoit dans la même tour que le marquis de Pompadour. Je pensai que Davisard, feignant d'aller chez Saint-Genies qu'il lui étoit permis de voir, monteroit à l'étage au-dessus chez monsieur de Pompadour, où je me trouverois, comme j'avois coutume de faire. Il n'étoit question que de prendre bien ſon temps , & de prévenir mes aſſociés afin qu'ils prétaſſent la main à ce rendez-vous. Je communiquai donc à meſſieurs de Pompadour & de Boiſdavis l'entrevue que je médi-tois , & je leur fis fête de tout ce que j'allois apprendre, & des avis utiles à tout le parti que j'en pou-vois recueillir. Le marquis de Pompadour, ravi de me ſervir dans une ſi importante occaſion , dévo-roit d'avance l'abondante récolte que nous allions faire. Je fis paſſer ce projet à Daviſard. L'exécution en étoit attendue avec une égale impatience de part & d'autre ; mais il falloit prendre un jour où l'un de nos maîtres fût en campagne ,

& l'autre si occupé , que nous n'en eussions rien à craindre.

Ce jour arriva. Nous posâmes en sentinelle à toutes les lucarnes du dégré ce que nous avions de domestiques, pour nous avertir à la moindre allarme. Toutes nos mesures si bien prises , nous fîmes avertir Davisard , qui attendoit le moment chez Saint-Genies. Il monta aussitôt chez le marquis de Pompadour , qui , dès qu'il le vit paroître , se retira avec monsieur de Boisdavis dans un coin de la chambre , jugeant que des choses d'une si grande conséquence ne se pouvoient dire devant des témoins. Davisard , après avoir tourné la tête de tous côtés , pour voir

s'il

s'il ne pouvoit être entendu, s'a-
vança & me dit : Mademoiselle de
L... neuf mois de célibat, cela
est bien dur ! Eh ! monsieur, lui
dis-je, frappée du plus grand
étonnement, est-ce donc-là ce
que vous étiez si pressé de me dire ? Ce début m'ayant effrayée,
j'appellai nos discrets confidens,
& leur dis qu'ils pouvoient se rapprocher & prendre part à notre
conversation. Ils raisonnerent sur
les choses présentes, desquelles
notre petit magistrat n'étoit pas
mieux informé que nous. Voyant
le mince profit qu'il y avoit à faire
de ce périlleux entretien, je le ter-
minai promptement, honteuse de
me l'être ménagé avec tant de soin.

*Tome II.*                    Q

Ce qui m'étoit arrivé longtemps auparavant, auroit dû me déniaiser. J'eus quelque incommodité, pour laquelle on me fit voir monfieur Herment, médecin de la baftille. Le lieutenant de roi me le préfenta dans le jardin où nous nous promenions. Quoique je fuffe alors fous la plus étroite garde, comme notre lieutenant fe relâchoit volontiers en ma faveur au moindre prétexte qui l'y autorifoit ; il ne faut point de tiers dans les entretiens qu'on a avec fon médecin, dit-il, en s'éloignant de nous. Je continuai mon chemin, & m'éloignai encore plus. Monfieur Herment voyant qu'on ne pouvoit plus nous obferver, me

dit, en me ſerrant la main & baiſ-
ſant la voix : Vous avez des amis,
& de bons amis, capables de tout
pour vous ; j'en ai vu un qui s'in-
tereſſe bien particuliérement à ce
qui vous regarde. . . Vous a-t'il
chargé de quelque choſe pour
moi, lui dis-je en l'interrompant ?
Oui, reprit-il : il connoît ma diſ-
cretion ; je ſçais la vôtre. Il m'a dit
de vous demander ce qui pourroit
vous faire plaiſir, ce qui pourroit
vous être utile ; ſi vous n'auriez
pas beſoin d'un couvre-pied. Eh !
qui eſt, dis-je, cet ami en peine
de ſçavoir ſi on a ici les pieds
chauds ? C'eſt, me répondit-il,
monſieur Bignon, conſeiller d'é-
tat. Rendez-lui graces de ma part,

repris-je ; & dites-lui, monſieur, que ce qui l'inquiete eſt aſſuré- ment le moindre des inconvéniens où je ſuis expoſée.

Je ne prétextai point de mala- die, pour me procurer des viſites d'un homme ſi circonſpect. Il y en avoit dans notre château de plus traitables ; mais comme je n'étois nullement tentée d'intriguer au- dehors, je ne les recherchai pas. Le comte de L. s'aida du chi- rurgien, qui faiſoit auſſi la fonction d'apoticaire. Il établit, pour avoir occaſion de le voir ſouvent, qu'il lui falloit deux lavemens par jour. Le régent, qui entroit dans les der- niers détails de ce qui nous con- cernoit, examinant les mémoires

de notre pharmacie avec ſes miniſtres, l'abbé Dubois ſe récria ſur
cette quantité de lavemens. Le
duc d'Orléans lui dit : Abbé, puiſ-
qu'ils n'ont que ce divertiſſement
là, ne leur ôtons pas.

· L... en effet n'en avoit guere
d'autres. On le tenoit plus reſſerré
qu'aucun de nous, dans le temps
même qu'on accorda du relâche-
ment à tous les autres priſonniers.
Il eſt vrai que, depuis qu'il fut à
la baſtille, il ſe conduiſit héroï-
quement ; qu'il ſoutint de longs
& fréquens interrogatoires, avec
autant de courage que de dextérité dans ſes réponſes. Mais on
avoit prétendu, peut-être fauſſement, qu'il avoit uſé d'adreſſe

avant que d'être arrêté ; qu'il avoit employé de fausses confidences, pour éviter sa détention. Quoiqu'il en soit, il soutint jusqu'à la fin de sa prison, où il fut retenu longtemps après les autres, la conduite ferme qu'il avoit prise en y entrant.

Je continuois toujours le commerce de lettres avec le chevalier de Menil, par le lieutenant de roi. J'en avois quelquefois de plus franches, par son valet que Menil avoit gagné. J'étois uniquement occupée de lui ; & la compagnie, qui m'obsédoit, m'étoit souvent insupportable, surtout dans des momens de chagrin dont je ne pouvois me rendre maîtresse. J'en eus un très-vif du deſſein que le chevalier de Menil me montra de mettre à fonds perdu un rembourſement qu'on lui avoit fait. Cette vue me parut toute oppoſée à ce qui faiſoit l'objet & le ſoutien de notre liaiſon. J'en pris des ſoupçons de ſa bonne-foi, qui n'avoient eu encore nulle entrée dans mon eſprit. Je les lui témoignai vivement dans quelques lettres ; & comme il ne vouloit pas encore me perdre, il prit le parti de me raſſurer, en changeant ſon projet, & me faiſant de nouvelles proteſtations de la droiture & de la fermeté de ſes intentions. Je le crus. Eh ! que ne croit-on pas, quand on a bien envie de croire ? Il confirma mon opinion , par l'acquisition qu'il fit d'une petite terre , au lieu du fonds perdu auquel il avoit d'abord incliné.

Je rentrai dans la pleine confiance , & n'eus plus de tourmens que de la durée de notre féparation , dont j'étois encore plus piquée par le facile accès qu'avoient auprès de moi des gens que je voyois d'un œil indifférent. Ils ne me regardoient pas de même ; & ce m'étoit un furcroît d'impatience. Si un jardinier , comme l'a dit un bon auteur,  eft un homme pour des reclufes ; une femme , quelle qu'elle puiffe être , eft une déeffe pour des prifonniers. Les nôtres en effet me rendoient une espece de culte ; mais leurs vœux empreſſés & leur encens étoient ſouvent prêts à me ſuffoquer.

Pendant ce temps-là, Daviſard, homme vif & pétulant, mobile de corps & d'eſprit, plus incapable de reſter en un lieu, que de ſe multiplier pour en occuper pluſieurs à la fois, tomba malade aſſez férieuſement. On le dit, & peut-être l'exagéra-t'on au régent. Il répugnoit aux choſes violentes, & n'avoit pas envie que ſes priſonniers lui fîſſent le tour de mourir en priſon. Pour éviter cet accident, on mit Daviſard en liberté. N'eſt-ce pas un *godan*, dit-il en terme gaſcon, quand il vit la lettre de cachet ? Non, dit le gouverneur qui la lui portoit ; c'eſt tout de bon. Bas & culotte ; vîte, vîte, dit-il en ſe jettant hors de ſon lit. Son habillement, ſon décamper, ſa guériſon, tout fut fait en un moment.

Ce départ donna occaſion à madame de Pompadour, attentive à ſoulager les ennuis de ſon mari, de demander qu'on augmentât la ſociété de monſieur de Pompadour, des débris de celle de monſieur Daviſard , qui avoit pour compagnons le marquis de ſaint Genies & le chevalier de Menil ; & que les deux bandes réunies n'en fiſſent plus qu'une qui allât tous les jours manger chez le gouverneur, & vécût enfemble. Elle l'obtint ; & lorfque je m'y attendois le moins , je vis entrer fans précaution Menil dans ma chambre. Je fus furprife & effrayée ; il me raffura en m'apprenant cet heureux événement, qui me combla de joie, malgré la triftelle où j'étois de la mort de ma fœur , dont les circonftances m'avoient mis beaucoup d'amertume dans le cœur. Il faut avouer, à la honte de la nature, que fa voix ne fe fait guere entendre, quand quelque paffion parle en même temps qu'elle.

Meffieurs de Pompadour & de Boifdavis vinrent un moment après me faire compliment fur l'augmentation de notre compagnie. Le lieutenant de roi étoit allé dîner ce jour-là à Vincennes : en rentrant, il vint chez moi, ne sçachant point ce qui avoit été accordé au chevalier de Menil. Au moment qu'il le vit dans ma chambre en si bonne compagnie, avec toutes les apparences du droit d'y être, il demeura comme quelqu'un frappé de la foudre, sans parole & sans mouvement. Je fus touchée de sa peine , & m'avançant vers lui , je lui racontai que madame de Pompadour avoit obtenu qu'on nous mît tous ensemble. Il avoit sçu qu'elle le demandoit ; mais il ne croyoit pas que cela fût si près d'arriver. Il nous dit, d'un ton assez forcé, que cela étoit convenable, & qu'il nous en félicitoit. Il ne put prononcer une parole de plus, & resta sur un siége où il s'étoit mis, véritablement comme un homme pétrifié. La gaieté de l'assemblée achevoit de le confondre : ne pouvant soutenir une situation si pénible, il nous quitta.

Les relations que j'avois eues jusques-là avec le chevalier de Menil, quelque douloureuses qu'elles fussent à Maisonrouge, étoient adoucies par la satisfaction d'y signaler son attachement pour moi, & de régir lui-même notre commerce. La dépendance qui en résultoit, l'entiere connoissance de

nos démarches, qui fixoit ſes inquiétudes, étoient des dédomma-
gemens perdus par cette réunion.
Il n'avoit plus rien à attendre,
que la reconnoiſſance d'anciens
ſervices devenus inutiles.

Il vint le lendemain matin chez
moi, dans un temps où j'étois ſeule, changé & accablé de triſteſſe.
Ma chere amie, me dit-il, vous
voilà heureuſe. Je l'ai ſouhaité;
j'en ſuis content : mais votre bonheur me coûte cher. Vivez en paix
avec quelqu'un qui vous aime &
vous plaît. N'exigez pas que j'en
ſois témoin. Tant que j'ai pu vous
être utile, j'ai ſurmonté mes ré-
pugnances par d'incroyables ef-
forts : je le ferois encore, ſi cela

vous étoit bon à quelque chofe. Vous n'avez plus befoin de moi : trouvez bon que je ne vienne plus chez vous, que lorfque la bien-féance, ou quelques fervices que je pourrois encore vous rendre, m'y obligeront. Pourquoi m'aban-donner, mon cher ami, lui dis-je? Croyez-vous qu'il y eût rien qui pût me dédommager de la perte que je ferois en vous perdant ? J'ai-me mieux renoncer à tous autres commerces, s'ils font incompati-bles avec le vôtre. Non, dit-il, je ne veux vous priver de rien. Je me fuis facrifié fans réferve à votre bonheur : puiffe celui qui le doit faire, vous être auffi fidele & auf-fi dévoué que moi. J'infiftai forte-

ment ; & je gagnai qu'il ne cesse-
roit pas de me voir. Je lui promis
de souftraire à ses yeux les objets
propres à les blesser. J'eus soin en
effet qu'il ne rencontrât pas le chevalier de Menil chez moi, quand
il y venoit : c'étoit rarement. Il
ne s'y préfentoit que lorfqu'il
avoit des nouvelles de dehors à
m'apprendre, ou quelque chofe à
me dire de la part de mes amis,
qui venoient le voir affez fouvent.
Du refte, je le voyois chaque jour
chez le gouverneur, où nous paffions tous une partie de la journée.

Nous y allions dîner ; & après
le dîner, je jouois une reprife
d'hombre avec meffieurs de Pompadour

padour & de Boifdavis , & Menil me confeilloit. La partie quelquefois fe rangeoit autrement.
Quand elle étoit finie , nous re-
tournions chez nous. Le chevalier
de Menil me fuivoit d'affez près.
La compagnie fe raffembloit chez
moi , avant le fouper que nous re-
tournions faire chez le gouverneur,
après lequel chacun s'alloit coucher. Le matin je revoyois Menil ;
& nous ne nous quittions guere.

Je ne défirois plus d'autre liberté que celle dont je jouiffois. Il ne
me fembloit pas qu'il y eût d'autre
monde que l'enceinte de nos murs.
C'eft le feul temps heureux que
j'aie paffé en ma vie. Aurois-je cru
que le bonheur m'attendoit là ,

& que partout ailleurs je ne le trouverois jamais?

J'aimois quelqu'un dont je me croyois parfaitement aimée. Je m'abandonnois fans crainte à des fentimens dont l'objet me paroif-foit raifonnable, & le but affuré. J'euffe plutôt appréhendé la chûte du ciel, qu'aucun changement dans le cœur du chevalier de Me-nil. J'étois dans la même affurance de fa conduite, fur laquelle je lui avois prefcrit des régles qu'il ob-fervoit exactement. Je lui dis, les premiers jours que nous commen-çâmes à vivre fans contrainte, que les frayeurs qui nous avoient pour-fuivis jufqu'alors toutes les fois que nous avions pu nous voir, nous

avoïent été une garde affez fure,
qui alloit nous manquer ; que je
ne voulois pourtant prendre de fu-
reté contre lui, que lui-même ;
perfuadée que, déterminé à paffer
fa vie avec moi, il ne voudroit pas
me dégrader dans fon eftime, fans
laquelle je ne me réfoudrois jamais, à aucune condition, de vivre
avec lui. Il m'affura qu'il refpec-
teroit ma confiance au point de
prévenir, plutôt en s'éloignant de
moi, tout ce qui pourroit me dé-
plaire d'une paffion, affez vive, pour
être quelquefois inconfidérée.

J'établis ainfi ma fécurité fur un
meilleur fondement que n'eût été
la préfomption. Elle a tant de hau-
teur, & fi peu de bafe, qu'elle eft

facile à renverſer. Menil me tint parole. Il me quittoit quelquefois aſſez bruſquement, au travers d'un entretien fort tendre ; je ne lui en demandois pas la raiſon, & me gardois de le retenir. Ses égards me touchoient bien plus que n'euſſent fait les tranſports les plus paſſionnés. Je goûtois donc cette douce paix qui conſtitue le vrai bonheur. Il ne me manquoit que l'entiere ſureté d'en jouir toujours ; ce que je ne révoquois pas en doute.

Les réparations de mon appartement étant finies, j'y retournai, & je ſongeai à le meubler. Je crus que c'étoit aſſez d'avoir paſſé un hyver dans une grande chambre ſans tapiſſerie : le ſecond approchoit. Monfieur de Maifonrouge, encore plus attentif à mes commodités, depuis qu'il ne fe mêloit plus de mes amufemens, demanda aux gens d'affaires de monfieur le duc du Maine, des meubles convenables pour mon logement. Ils en prêterent; & je pris grand plaifir à m'arranger dans cet ancien gîte réformé. Je fus finguliérement touchée de trouver un rebord à la nouvelle cheminée qu'on y avoit faite, & d'y pouvoir pofer un livre, ou une tabatiere; commodité que je n'avois pas ci-devant. Il faut avoir manqué de tout, pour fentir la valeur de chaque chofe.

Notre fociété prit part à mon changement de demeure. L'on fe raffembloit plus facilement chez moi, & fi continuellement, que j'en étois fi fouvent excédée & de fi mauvaife humeur, que Menil m'en faifoit de févéres réprimandes, fans égard pour la caufe, qui méritoit beaucoup d'indulgence de fa part.

Il étoit revenu habiter notre quartier, il y avoit déja longtemps. La facilité de nous voir, la longueur de nos entretiens nous donnoit lieu d'y mêler des chofes indifférentes. Il me montroit, pour me divertir, des lettres affez ridicules, qu'il recevoit par des voies détournées d'une de fes parentes, qui, de fon aveu, étoit plus folle que fes lettres. Elle de-

meûroit près de chez lui en Anjou.
Je faifois peu d'attention à ce
qu'il m'en difoit, n'imaginant pas
que j'euffe jamais rien à démêler avec une telle perfonne. Quoique, dans l'efpece. de liberté où
nous étions, la communication
au dehors nous fût encore inter-
dite ; les nouvelles extorquées par
chacun de nous, & rapportées en
commun, comme la proie des bri-
gands, nous fervoient de pâture au
fond de notre antre. On raffembloit furtout avec avidité celles
qui promettoient notre prochaine
délivrance. Je faifois mine, par
honneur, de la défirer comme les
autres, quoiqu'au fond de mon
cœur j'en fuffe fort éloignée.

R iv

Madame la duchesse du Maine, qui avoit été d'abord menée dans la citadelle de Dijon, quand elle apprit qu'on la conduisoit dans le gouvernement de monsieur le duc, dit, comme Io :

Aux fureurs de Junon Jupiter m'abandonne.

Elle y passa cinq mois, au milieu de toutes les incommodités qu'elle avoit ignorées jusqu'alors. Ne pouvant plus les supporter, elle engagea madame la princesse de lui obtenir, par ses sollicitations, un changement de demeure. Elle se flattoit qu'en même temps on la rapprocheroit ; mais elle n'eut que le choix d'aller dans la citadelle de Châlons, un peu plus éloignée, ou de rester dans celle où elle

étoit. Il y avoit matiere à déli-
bérer. Elle avoit établi en ce
lieu des correfpondances utiles,
par des perfonnes qui, à leurs
rifques & périls, s'étoient entiérement dévouées à elle.

Une princeffe ornée de grandes
qualités, accablée de grands malheurs, eft un objet frappant, capable de remuer les ames les moins
fenfibles. Elle pouvoit retrouver
partout des gens animés du même
zèle, par les mêmes motifs : mais
pour fe faire connoître, il leur falloit des conjonctures qui ne fe
rencontrent pas toujours ; &, pour
fervir, des moyens qui ne font
pas également en toutes mains.
Malgré ces confidérations, le dé-

fir fi naturel de changer une fitua-tion pénible, même contre une qui ne vaut pas mieux, & qui peut être pire; l'envie d'aller, quand on eft retenu; l'occafion de revoir les gens qui devoient la conduire, déterminerent madame la ducheffe du Maine à accepter Châlons.

Les ordres furent donnés d'y faire un bâtiment pour la loger. La Billarderie, qui avoit commandé les troupes dont elle fut accompagnée dans fon premier voyage, eut ordre de l'aller trouver avec un détachement des gardes du corps, pour la transférer dans cette nouvelle prifon, où il refta quelques jours auprès d'elle. La confiance dont elle l'honora auſſi-tôt qu'elle reconnut la bonté de ſon caractere, jointe à tout ce qui pouvoit l'attacher à elle, l'y dévoua entiérement. Ses ſentimens cachés ſous le plus profond reſpect, lui étoient peut-être inconnus à lui-même ; mais la retenue ne leur donnoit que plus d'activité. Elle reçut de lui tous les ſervices qu'un honnête homme chargé de ſa garde pouvoit lui rendre. Il les accompagnoit de toutes les complaiſances propres à déguiſer la ſévérité de ſa commiſſion, dont il n'entama jamais le fond, quoiqu'il en altérât ſouvent la forme.

Arrivée à Châlons, elle eut le

trifte fpectacle d'y voir édifier fa prifon ; ce qui lui étoit déja arrivé dans la citadelle de Dijon, dont le logement étoit infoutenable. Celui qu'on y fit conftruire fous fes yeux, fe trouva encore plus impraticable, non-feulement par l'humidité des plâtres neufs, mais par fa fituation ; & elle n'y logea point. Je crois qu'elle n'habita point non plus celui qu'elle vit bâtir à Châlons , où elle ne demeura pas longtemps. Je n'ai fçu ces chofes qu'après fon retour & le mien; mais je les place ici , pour être à peu près dans leur lieu.

Quoiqu'elle eût foutenu fa captivité avec courage ; & que, pour en fupporter l'ennui , elle fe fût prétée à tous les amusemens que pouvoient fournir des lieux si arides de plaisirs ; les incommodités & les inquiétudes, qu'elle ne put écarter, altérerent sa santé. Elle disoit, à l'occasion de ses tristes divertissemens, si différens de ceux ausquels elle étoit accoutumée : Que monsieur le duc d'Orléans juge de mes peines par mes plaisirs.

Quelque observée qu'elle fût, elle avoit trouvé moyen d'établir des correspondances, par lesquelles elle étoit à peu près informée de tout ce qui se passoit, & même des bruits qui couroient ; & c'étoit pour l'ordinaire un nouveau tourment. Les nouvelles,

dont les prifonniers font fi affa-
més, leur fervent de poifon. Ils en
apprennent une partie, ignorent
l'autre, font & défont mille fyf-
têmes fur ces connoiffances im-
parfaites, d'où naiffent autant de
chimeres & d'inquiétudes qui les
dévorent. Leur état le plus doux,
felon l'expérience que j'en ai faite, eft celui où rien ne tranfpire
jufqu'à eux.

Le bruit qui courut qu'on vouloit mettre monfieur de Malefieu
à la conciergerie, lui faire fon
procès, & traiter fon affaire à la
rigueur, parvint à madame la ducheffe du Maine, & lui caufa les
plus vives allarmes. Il fut dit enfuite qu'il feroit confiné aux ifles

Sainte-Marguerite. On avoit piéce en main contre lui, & peu de bonne volonté pour sa personne ; ce qui le mettoit plus en risque qu'aucun autre. Aussi étoit-il dans de perpétuelles inquiétudes. Elles lui suggéroient des idées souvent mal digérées. Il me fit prier de rendre témoignage que cette lettre du roi d'Espagne, qu'on avoit trouvée dans ses papiers, étoit une traduction de l'original Espagnol. Je lui dis que je n'aurois vrai-semblablement pas l'occasion d'en parler ; & que, si je l'avois, je ne pourrois me résoudre à dire une chose si aisée à convaincre de faux.

Madame la duchesse du Maine

áyant été environ trois mois à Châlons ; le duc d'Orléans, fur les re-
préfentations qu'on lui fit du mauvais état de la fanté de cette prin-
cefle, ne voulant pas être accufé de
la laiffer périr par des traitemens
trop durs pour une perfonne comme elle, confentit qu'elle allât
paffer quelque temps dans une
maifon de campagne. On lui propofa Savigny en Bourgogne, 
comme un lieu agréable. Elle fit
demander au préfident de .... à
qui cette maifon appartenoit, de
la lui prêter. Il craignit de déplai-
re à monfieur le duc, gouverneur
de la province, & la lui refufa.
On en indiqua une autre, nommée Sevigny, qui fut prêtée à madame

dame la ducheſſe du Maine.

Monſieur de la Billarderie étoit revenu avec ſon détachement des gardes pour la conduire, & l'y mena. Cependant le préſident, qui avoit d'abord refuſé ſa maiſon, ayant ſçu que monſieur le duc penſoit à cet égard tout autrement qu'il n'avoit ſuppoſé, revint en faire offre. Madame la ducheſſe du Maine ne vouloit pas l'accepter ; mais la Billarderie lui repréſenta que ce ſeroit prodiguer ſon reſſentiment, que d'en avoir contre un tel homme ; & qu'elle ſeroit plus commodément à Savigny. Elle y fut, & y paſſa quelque temps. Enfin, par de nouvelles inſtances, on obtint de la rapprocher de Paris, & de lui donner pour prifon Chanley, belle & agréable maifon qui n'en eft qu'à trente lieues. Elle féjourna dans diverfes maifons de campagne en y allant ; & s'y rendit vers le milieu de l'automne. Madame la princeffe eut la liberté de l'y aller voir, & y paffa un quinzaine de jours. Toute occupée de mettre fin à la captivité de la princeffe fa fille, elle la conjura de lui avouer fincérement tout ce qui s'étoit paffé dans fon affaire. Madame la ducheffe du Maine lui en rendit un compte exact, par lequel elle la convainquit qu'il n'y avoit rien eu, dans tout ce qu'elle avoit fait, ni contre le roi, ni contre l'état, ni rien même qui pût essentiellement préjudicier au régent.

Madame la princesse, sur cet exposé, lui conseilla d'en faire l'aveu à ce prince avec la même vérité, comme le plus sûr & peut-être le seul moyen d'obtenir, non-seulement sa liberté, mais celle de toutes les personnes engagées dans la même affaire, qui souffroient pour elle. La nécessité de tirer de prison monsieur le duc du Maine, qui venoit d'y être dangereusement malade sans qu'elle l'eût sçu ; le risque de l'y voir périr, tout innocent qu'il étoit, lui furent principalement représentés par madame la princesse, & par monsieur de la Billarderie.

Malgré ces puissantes considé-
rations, elle insistoit toujours sur
les inconvéniens d'une telle démarche, & protesta que son interêt seul ne l'y résoudroit jamais ;
& que, quelque pressans que fussent les autres motifs qu'on lui
présentoit, elle ne pouvoit faire
cette confession, qu'elle ne sçût
si les personnes engagées avec elle s'étoient décelées elles - mêmes : sans quoi elle risqueroit leur
perte & son propre honneur.

Il fut donc décidé, qu'il falloit
au préalable éclaircir ce point. On
sçavoit que monsieur de Pompadour & l'abbé Brigaud avoient
donné d'amples déclarations. Si
monsieur de Laval & monsieur de

Malesieu avoient persisté à nier, il ne falloit pas songer à un aveu qui ne se pouvoit faire sans les commetre ; mais présenter une requête au parlement, pour demander la liberté de madame la duchesse du Maine, conformément aux loix du royaume, qui ne permettent pas de retenir personne en prison au-delà d'un terme marqué pour produire le sujet de leur détention. Madame la duchesse du Maine dressa un modele de cette requête, qu'elle laissa entre les mains de madame la princesse.

Ces résolutions étant prises, madame la princesse assura madame sa fille que, dès qu'elle seroit à Paris, elle sçauroit positivement

(& cela lui sembloit facile ) ce qu'avoient fait le comte de Laval & monsieur de Malesieu ; & qu'elle, ou l'abbé de Maulevrier, son homme de confiance , le lui manderoit aussitôt. Pour traiter cet article sans risque , madame la duchesse du Maine donna à madame la princesse des phrases communes , où elle attacha le sens des principaux points dont il falloit l'instruire. L'une de ces phrases vouloit dire, Laval a avoué ; l'autre, Il n'a rien dit. Il y en avoit de même pour monsieur de Malesieu.

Peu après le départ de madame la princesse , madame la duchesse du Maine reçut une lettre de l'abbé de Maulevrier , qui lui marquoit, fous le chiffre dont on étoit convenu, que monfieur de Laval & monfieur de Malefieu n'avoient rien dit. Quelques jours enfuite elle en reçut une autre de cet abbé, qui par le même chiffre difoit tout le contraire, que Laval & Malefieu, après avoir perfifté longtemps, avoient enfin tout avoué. Ces témoignages ne parurent pas affez furs à madame la ducheffe du Maine, pour déterminer le parti qu'elle prendroit. La Billarderie, qui étoit encore avec elle, défirant paffionnément la liberté de cette princeffe, & perfuadé qu'il y pourroit travailler utilement, retourna à Paris, & eut à ce fujet plufieurs entretiens avec monſieur le Blanc, qui lui fit ſentir qu'elle n'y parviendroit jamais que par une déclaration ſincere & complette de tout ce qui s'étoit paſſé dans cette affaire, tant de ſa part, que de celle des gens qui avoient agi d'un commun accord avec elle.

Le régent déſiroit de finir ; mais il vouloit que ce fût avec honneur, c'eſt-à-dire , diſculpé d'avoir attaqué & traité à la rigueur des perſonnes ſi conſidérables, ſans aucun fondement. Il avoit donc réſolu de n'accorder la liberté, ni aux chefs, ni à leurs adhérans, que par un aveu de leur part qui ſervît d'apologie à ſa conduite. Monſieur le Blanc chargea

enfin la Billarderie de porter parole à madame la duchesse du Maine, de la part de ce prince, qu'elle obtiendroit son entiere liberté,
& celle de toutes les personnes
comprises dans son affaire, si elle
vouloit en donner par écrit un détail exact & sincere, qui ne seroit
vu que de lui.

La Billarderie vint lui rendre
compte de sa commission, & lui
apporta des lettres de madame la
princesse & de l'abbé de Maulevrier, qui marquoient positivement & sans chiffres que le comte de Laval & monsieur de Malesieu avoient tout déclaré, &
qu'on n'ignoroit plus rien de cette
affaire.

Madame la duchesse du Maine, persuadée par ces témoignages non suspects, qu'elle pouvoit délivrer tous les gens de son parti sans nuire à aucun, surmonta en leur faveur la répugnance qu'elle avoit à donner la déclaration qu'on lui demandoit. Elle la fit dans un grand détail, pour donner preuve de sa sincérité. Quand cette piece fut achevée, elle la mit entre les mains de la Billarderie, pour la porter à monsieur le Blanc, après qu'il l'auroit fait voir à madame la princesse, à qui elle écrivit en même-temps une lettre, où elle lui marquoit les motifs qui l'avoient déterminée à ce que monsieur le duc d'Orléans avoit exigé d'elle. Elle la conjuroit de tenir la main à la prompte & fidelle exécution des engagemens qu'il avoit pris en conséquence ; & lui réprésentoit qu'il s'agissoit en cela, non-seulement de ses interêts, mais de son honneur qui lui étoit infiniment plus cher, & qu'elle confioit à ses soins & à sa diligence; ne pouvant éviter le blâme de la démarche qu'elle faisoit, que par l'entiere satisfaction de tous ceux qui y étoient interessés.

Madame la princesse lut la lettre & la déclaration avec l'abbé de Maulevrier, qui dit à la Billarderie que la grande attention qu'on y voyoit à justifier le cardinal de Polignac & monsieur de Male fieu , pourroient en rendre la vérité douteufe. Il n'y reprit nulle autre chofe , ni madame la princeffe non plus. La Billarderie la porta à monfieur le Blanc pour la remettre au regent. On expédia, pour le retour de madame la ducheffe du Maine, la lettre de cachet qui lui fut envoyée. Elle y trouva , contre fon attente , fon féjour marqué à Seaux. Cette premiere infraction aux paroles données, lui en fit craindre d'autres.

Nous ne fçavions rien dans notre prifon de tout ce que je viens de rapporter. Un bruit vague de dénouement s'y faifoit feulement entendre. Il avoit couru tant de fois, qu'on n'y donnoit plus qu'u-

ne médiocre créance. Enfin monfieur le Blanc, qui n'avoit paru depuis longtemps, vint les derniers
jours de l'année à la baftille. Il
étoit feul, & vit d'abord la Pru-
den, cette correfpondante du baron de Walef, qu'on avoit arrêtée
depuis peu de temps. Je fus mandée enfuite, pour aller lui parler.
Il me dit que je leur aurois épar-
gné bien de la peine, fi, quand ils
m'avoient parlé, monfieur d'Argenfon & lui, j'avois voulu leur rendre compte de tout ce que je fçavois
de l'affaire de madame la ducheffe
du Maine, dont j'étois parfaitement inftruite ; qu'elle s'en étoit
expliquée elle-même par une déclaration fort exacte ; & que je

n'avois plus de raifon d'en vouloir garder le fecret. Je répondis, qu'il ne m'avoit pas paru qu'on me crût fi bien inftruite. En effet, ils ne m'avoient interrogée qu'une fois, & affez légérement. Au furplus, ajoutai-je , fi madame la ducheffe du Maine elle-même a parlé, que pourrois-je dire qui vous inftruisît plus parfaitement ? Elle fçait ce qui la regarde, mieux que perfonne ne le peut fçavoir. Quand même elle m'auroit dit tout ce que j'i-gnore, je ne pourrois rien ajouter aux connoiffances qu'elle a don-nées. Vous ne pouvez nier du moins , reprit-il , que vous n'ayez rendu à madame la ducheffe du Maine des lettres d'Efpagne. Je répondis que les lettres que j'avois pu recevoir étoient pour moi ; qu'il m'en venoit de divers païs aufquelles madame la ducheffe du Maine n'avoit point de part. Celles-là, dit-il, étoient du baron de Walef, & vous ont été remifes par une fille d'opera. Je lui dis ( & cela étoit vrai ) que je ne fçavois de quelle profeffion étoit la perfonne qui en effet m'avoit apporté quelques lettres du baron de Walef, lefquelles étoient pour moi. Monfieur le Blanc reprit : Mais vous fçavez toute l'affaire ; & l'on veut que vous parliez, ou vous refterez toute votre vie à la baftille. Eh bien ! monfieur, lui dis-je, c'eft un établiffement pour une fille comme moi, qui n'a pas de bien. Ce n'eſt pas, reprit-il, une ſituation bien agréable. Je ne la choiſirois pas non plus, lui dis-je ; mais j'y reſterai plutôt que d'inventer des fictions pour m'en tirer. Il faut avouer, dit-il, que madame la ducheſſe du Maine a eu d'étranges confidens. Pour moi, monſieur, repris-je, je vous dirai, ſans vous amuſer davantage, que, ſi je ne ſçais rien, je ne puis vous rien dire ; & que, ſi l'on m'avoit confié quelque choſe, je le dirois encore moins. Il ne put s'empêcher de me dire, quoique cela ne fût pas dans ſon rôle, que madame la du-cheſſe du Maine auroit été heu-reuſe de ne s'être pas confiée à d'autres

d'autres qu'à moi. Il ajouta tout
de suite, que ses affaires étoient
finies; qu'elle alloit revenir. Me
voilà donc tranquille, lui dis-je.
Et ce qui vous regarde, reprit-il?
Cela, lui répondis-je, n'est pas affez important pour m'en inquieter.
D'où vient cette assurance, dit-il?
Est-ce qu'on vous a fait votre horoscope? L'horoscope de quelqu'un qui naît dans une aussi mauvaise fortune que la mienne, se fait
toute seule, lui répondis-je; on
scait qu'on sera malheureux, n'im-
porte de quelle façon. Monsieur
le Blanc voyant que je ne voulois
que bavarder, me dit qu'il reviendroit avec monsieur d'Argenson,
& qu'ils m'apporteroient des or-

dres par écrit de madame la ducheſſe du Maine, de dire tout ce
qu'on me demanderoit. Je lui dis
que je les recevrois avec beaucoup
de reſpect, mais que je n'en dirois
pas davantage. En effet, l'on ſe
charge de tels ſecrets par dévouement pour ceux qui vous les con-
fient; mais on les garde pour l'a-
mour de ſoi. Monſieur le Blanc,
peu ſatisfait de mes réponſes, me
quitta; & depuis, il ne voulut plus
m'interroger, quelqu'inſtance qui
lui en fût faite de la part de madame la ducheſſe du Maine, après
ſon retour; diſant que cela étoit
inutile, qu'il ſçavoit ce que je ſçavois dire.

Quand je fus hors de ce fâcheux

entretien, Menil me vint voir. Je le lui racontai. Je pouvois sans indiscretion lui en dire autant qu'à nos commissaires; & véritablement, quelque confiance que j'eusse en lui, je n'avois pas cru devoir me permettre de lui rien révéler du fond de notre affaire. Dans ce transport de joie qu'il eut de mes réponses à ce dernier interrogatoire, il fut pressé d'oublier la circonspection dans laquelle il vivoit avec moi. Je lui chantai ces paroles d'un opera qu'on jouoit alors :

Non, ne mêlons point dans un jour
Tant de foiblesse à tant de gloire.

Je me tirai aussi adroitement d'affaire avec lui, qu'avec monsieur le Blanc. Quelques jours après, c'étoit le 5 de janvier 1720, l'ordre arriva de faire fortir de notre château tous les domeftiques de madame la ducheffe du Maine, valets de chambre, valets de pied, frotteufes, à la réferve de monfieur de Malefieu & de moi. Le marquis de Pompadour & le chevalier de Menil eurent en même-temps leur lettre de cachet pour fortir de la baftille, & aller en exil; celui-ci, chez lui en Anjou. Il vint à la hâte me dire adieu. Je ne m'attendois point à cette brufque féparation. Je devois encore moins m'attendre à refter prefque feule de ma bande en prifon, lorfque toute la maifon de madame

la duchesse du Maine en sortoit,
& qu'elle-même revenoit. Mais à
peine fis-je attention à ce qui me
regardoit personnellement dans
cette conjonêture, tant j'étois occupée de l'éloignement de Menil.
Il me parut médiocrement touché
de me quitter. La joie d'abandon-
ner notre triste demeure, surmonta visiblement en lui le regret de
m'y laisser. Je n'eusse pas été de
même, si j'en étois sortie la premiere. Cette différence de nos
sentimens, que j'avois quelquefois soupçonnée, mais que je n'a-
vois pas encore si bien vue, me
fut un surcroît d'affliction des plus
sensibles. Je n'eus ni le loisir, ni
la volonté de lui en rien témoi-

gner. Il partit : & je restai dans cette espece d'immobilité où l'ame, trop pleine de sentimens, demeure sans action.

On m'en tira pour aller dîner au gouvernement avec le marquis de Saint-Genies, triste compagnon de ma mauvaise fortune. Le gouverneur étoit allé faire un tour de campagne, ne sçachant pas ce qui devoit arriver ce jour-là. Nous n'avions que le lieutenant de roi, qui, tout confus de notre aventure & de ce qu'il avoit à nous annoncer, n'osoit proférer une parole. Jamais repas ne fut plus lugubre que celui-là. Quand il fut fini, comme j'allois monter, selon notre coutume, pour prendre

du caffé dans la chambre du gouverneur, le lieutenant m'arrêta au
bas du degré, & me dit : Ne mon-
tez pas ; il faut retourner chez
vous & n'en plus fortir. A la bonne
heure, lui dis-je. Et prenant mademoifelle Rondel par le bras, je
m'en allai chez moi. Il fit le même
compliment à Saint-Genies, qui,
je crois, ne le prit pas en fi bonne
part. Sa commiffion faite, il me
fuivit dans mon appartement. Là
il me conta que monfieur le Blanc,
en apportant l'ordre pour l'élargiffement des autres, avoit donné
celui de nous refferrer plus étroi-
tement que jamais ; qu'il lui avoit
demandé de nous laiffer au moins
dîner ce jour-là comme à l'ordi-

naire, & de trouver bon qu'il ne nous fignifiât ce changement qu'après notre repas. Le pauvre lieutenant étoit fenfiblement affligé de cette difgrace, que je regardois comme un foulagement ; ravie, puifque je ne voyois plus ce qui m'étoit agréable, de ne rien voir, & de ne point donner ma trifteffe en fpectacle, de crainte qu'on n'en pénétrât la caufe, & voulant encore moins qu'on l'attribuât à défaut de courage : car il eft vrai qu'on a plus de dégoût pour les foibleffes dont on eft exempt, que pour celles où l'on fe laiffe aller. Maifonrouge ne démêloit pas ces divers mouvemens de mon ame, & me croyoit ex-

trémement affligée de ce renou-
vellement de captivité, au moment même où elle devoit finir.
Il en cherchoit la cause, & me
demanda ce que j'en pensois. C'est
apparemment, lui dis-je, qu'ils
m'ont choisie comme ce pauvre
âne de la fable, qui n'avoit volé
de foin que la largeur de sa lan-
gue, & qui fut dévoué pour les
autres animaux plus coupables,
mais plus forts que lui. Nous rai-
sonnâmes longtemps sur cet événement, sans y voir plus clair.

Le gouverneur vint chez moi
le soir, & me témoigna y prendre
beaucoup de part. Il en étoit dans
le dernier étonnement, & me dit
qu'il n'avoit point vu d'exemple

de ce qui venoit de m'arriver ; qu'on eût renfermé un priſonnier, après l'avoir laiſſé jouir de l'eſpece de liberté que j'avois eue. Il étoit encore plus ſurpris de ne me voir ni conſternée , ni allarmée d'un malheur ſi conſtant. Ma tranquillité lui paroiſſoit digne d'admiration , parce qu'il n'en voyoit pas le miſérable ſoutien. C'eſt ainſi que ſouvent on nous fait honneur de ce qui , plus approfondi , produiroit un effet contraire.

Le lieutenant de roi me voyant dépourvue de toute compagnie & dans un état triſte à tous égards, reprit ſon ancienne aſſiduité auprès de moi. Il me dit , deux jours après la ſortie du chevalier de Menil, qu'il avoit reçu un billet de lui, rempli de sentimens pour moi. Il voulut me le montrer, & ne put le retrouver. Je le connoissois trop bien pour y soupçonner quelque finesse. Le lendemain j'en reçus un qui m'étoit directement adres-sé, dont je fus peu contente.

Je fus quelques jours sans entendre parler du chevalier de Menil. Je les employai à faire mille remarques & mille réflexions affligeantes sur sa conduite. Je me persuadai que le grand air avoit dissipé en un moment ses sentimens que j'avois cru si solides : j'en sentis la plus amere douleur. Enfin le lieutenant me dit qu'il l'étoit venu voir, & l'avoit prié de me rendre une lettre, & de m'engager à y répondre ; ce que je fis. J'en reçus encore une avant son départ, à l'insçu du lieutenant, par son valet, dans laquelle il me marquoit qu'il avoit eu un long entretien avec un de ses amis, fort attaché à notre cour; qu'il lui avoit confié ses liaisons avec moi & ses desseins, ayant cru utile de le mettre dans nos interêts, & de le disposer à nous servir auprès de ma princesse. Je fus extrémement contente de cette démarche, qui me rendoit témoignage de la vérité de ses intentions, & de l'empressement qu'il avoit de les exécuter. J'étois vivement affligée de n'avoir plus le moyen de recevoir de ſes nouvelles, & de lui en donner des miennes. Il partoit, & nous ne pouvions rien riſquer par la poſte. Notre incomparable ami vint encore à notre ſecours. Il ſentit la peine & l'inquiétude que me cauſeroit cette privation, & me dit : Vous ne pouvez écrire au chevalier de Menil, ni lui à vous, dans la ſituation où vous êtes. Tout ſeroit perdu, ſi votre écriture paroiſſoit à la poſte. Mais je lui écrirai toutes les ſemaines. Vous verrez mes lettres & ſes réponſes, qui vous inſtruiront réciproquement de ce qui vous regarde l'un & l'autre. Je ſentis tout le mérite de ce dernier ſervice. L'apparence d'une liaiſon avec quelqu'un qui ſor-

toit de deſſous ſa garde, pouvoit
rendre ſa fidélité ſuſpecte ; mais
rien n'étoit capable de l'arrêter,
quand il s'agiſſoit de ma ſatisfaction.